FEUER & PFANNE

UNTERWEGS

Astrid Schulz & Jan Herbolsheimer

FEUER & PFANNE UNTERWEGS

Unkomplizierte & kreative Rezepte für draußen

CHRISTIAN

INHALT

DESSERTS 150

GETRÄNKE 166

WER WI

Einen Sommer lang am Strand wohnen und während der ganzen Zeit Freunde empfangen, Leute kennenlernen und sie mit selbst entwickelten Rezepten, die man mit einem Gaskocher oder über offenem Feuer zubereiten kann, zu bekochen, das war die Idee.

»Wir«, das sind Asti und Jan. Asti ist Illustratorin und Grafikdesignerin, Jan ist Fotograf und schreibt Rezepte. Zu dem Zeitpunkt, als das Buch entstand, lebten wir zusammen in einer kleinen Wohnung in Sankt Pauli (Hamburg). Wir beschlossen, unser gewohntes Leben hinter uns zu lassen und nach vielen Jahren Agenturleben auf einen wunderschönen Campingplatz nur ein paar hundert Meter vom Atlantik entfernt zu ziehen und zu tun, was wir am liebsten mögen: kochen, essen und eine schöne Zeit mit netten Menschen zu verbringen.

R SiNO

Als wir unseren Aufbruch planten, kam uns schnell die Idee zu diesem Buch.

Wir kochen viel vegetarisch oder vegan. Doch wenn wir Lust auf Fisch, Meeresfrüchte oder Fleisch haben, gehen wir auf den Markt und kaufen regionale Produkte. Wichtig ist uns, dass wir auch im Urlaub frisch und gesund essen.

Unsere liebsten Rezepte wollen wir in diesem Buch mit euch teilen und euch so zeigen, wie man über einer Flamme, auf einem Gaskocher oder am Lagerfeuer leckere Gerichte zubereiten kann – mit viel Spaß und ohne Stress.

Für uns war wichtig, dass es um das Erlebnis Kochen geht. Nehmt euch Zeit beim Kochen und versteht es als einen schönen Programmpunkt des Tages. Schnippelt zusammen und trinkt ein Gläschen dazu – wir haben auch ein paar Rezepte unserer Lieblingsgetränke in diesem Buch, die euch bestimmt schmecken werden.

Wir freuen uns, wenn ihr genauso viel Spaß an unseren Rezepten habt, und wünschen euch eine tolle Zeit beim Kochen mit Familie und Freunden unterwegs, in der Natur oder auch auf der eigenen Terrasse.

Viel Spaß wünschen euch
Asti und Jan

HP

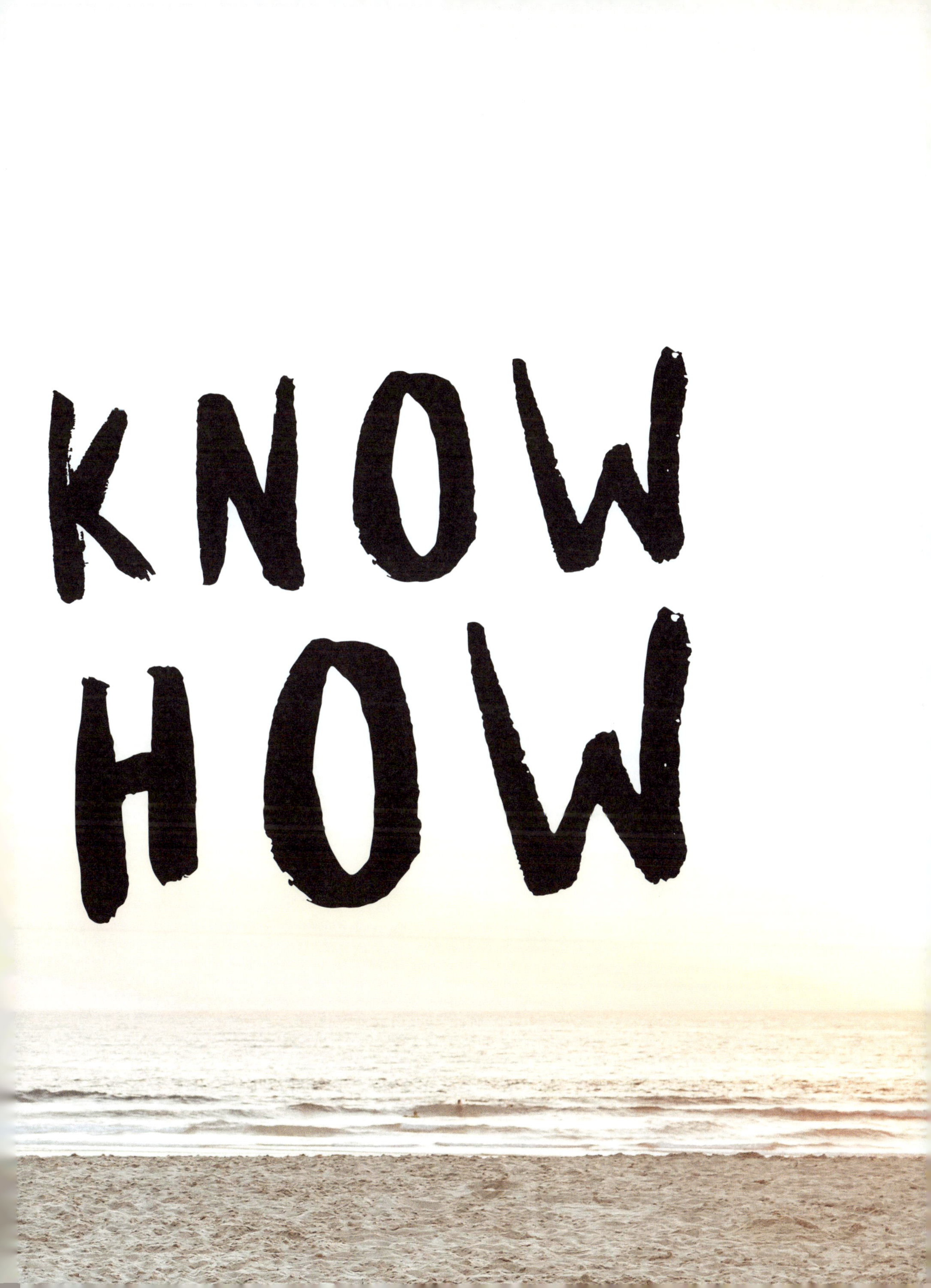
KNOW
HOW

ÜBER DIESES KAPITEL

In diesem Kapitel wollen wir euch ein paar Tipps und Tricks mit an die Hand geben, damit ihr fürs Kochen im Freien gut vorbereitet seid. Das Wichtigste vorweg: Kauft gute Lebensmittel. Und wenn es die gelben Tomaten aus dem Rezept gerade nicht gibt, nehmt einfach die, die ihr auf dem Markt findet. Frische und Qualität sind ein entscheidender Faktor, wenn es um gutes Essen geht.

WAS GEHÖRT IN DIE REISEKÜCHE?

Wenn wir zum Campen fahren, gehört auf unsere Packliste auch immer alles, was wir zum Kochen brauchen. Es soll nicht zu viel Raum einnehmen, aber es soll auch an nichts fehlen, um alles kochen zu können, was wir wollen. Was das umfasst, haben wir euch auf den folgenden Seiten zusammengestellt.

GASKOCHER, LAGERFEUER UND GRILL

Wir haben immer einen **portablen Gaskocher** dabei, der groß genug ist, einen größeren Topf daraufzustellen, ohne dass alles wackelt und instabil ist. Das dient insbesondere der Sicherheit, damit sich niemand an einem umgekippten Topf mit heißem Wasser oder einer Pfanne mit heißem Fett verletzt. Es ist aber auch hilfreich, um Pfanne oder Topf schnell erhitzen zu können.

Unsere **Gaskartusche** wiegt etwa zweieinhalb Kilo und hat einen großen Aufsatz, auf dem auch ein großer Topf sicher steht. Für Gaskartuschen gibt es auch zweiflammige Gasherde, die mit einem Schlauch angeschlossen werden.

Auf Campingplätzen sind **Lagerfeuer** oder **Kohlegrills** nicht erlaubt. Wenn ihr außerhalb ein Lagerfeuer macht, achtet darauf, dass ihr dafür an einer Stelle seid, an der Feuermachen und Grillen erlaubt sind. Und natürlich solltet ihr das auf keinen Fall im Wald oder an Plätzen machen, an denen Brandgefahr besteht. Habt außerdem immer etwas zum Löschen dabei, zum Beispiel einen Eimer mit Wasser, und lasst die Feuerstelle nie unbeaufsichtigt. Lasst außerdem die Feuerstelle nie glühend oder brennend zurück.

PFANNEN UND TÖPFE

Neben einer Hitzequelle braucht ihr noch eine Kiste mit verschiedenen Töpfen und einer Pfanne. Dahinein gehören:

1 großer Topf mit Deckel
1 mittelgroßer Topf mit Deckel
1 kleiner Topf mit Deckel
1 große beschichtete Pfanne mit hohem Rand und Deckel

SONSTIGES KOCHEQUIPMENT

Ins Kochgepäck gehören natürlich auch noch ein paar wichtige Küchenhelfer:

1 Schneidebrett
1 großes Küchenmesser für Gemüse, Fleisch und Salat
1–2 Schälmesser (kleine Allzweckmesser)
1 Pfannenwender
1 Schöpfkelle
1 Schneebesen
1 Pürierstab mit Akku oder Kabel (wenn ihr direkten Stromanschluss am Platz habt)
1 Sieb
1 Mörser
1 Rührschüssel
1 Rührbecher
1 Kochlöffel
1 Messbecher
1 Reibe
1 Küchenwaage

GESCHIRR

Natürlich muss auch pro Person ein Besteckset eingepackt werden. Außerdem ein Teller, eine tiefe Schale, ein Glas und eine Tasse. Alternativ heben wir gerne die leeren Einmachgläser der Lebensmittel auf, die wir während der Reise kaufen, denn die kann man super für Nachspeisen und Drinks benutzen. Die Gläser sind auch eine gute Alternative für vergessenes Geschirr.

PLATZPROBLEME?

Das hört sich erst mal nach viel an, nimmt aber wenig Platz ein. Wir sind mit einem Kombi unterwegs, und mit Kind, Hund, Zelt und dem restlichen Gepäck findet trotzdem alles Platz. Für einen Kurztrip, etwa über das Wochenende, könnt ihr das Kochgepäck etwas abspecken. Dann reicht auch eine Pfanne, ein Schneidebrett, Messer und Geschirr.

Lebensmittel nehmen wir nie mit. Die kaufen wir alle vor Ort auf Tagesmärkten oder im Supermarkt. Auch die Gewürze, die wir benötigen, kaufen wir nach Bedarf und nehmen die Reste immer gerne wieder mit nach Hause. Basics wie Salz und Pfeffer können aber zum Beispiel auch zu Hause in kleine Tüten abgepackt werden und lassen sich so platzsparend mitnehmen.

Das man aus wenig viel machen kann, das zeigen wir euch mit unseren Rezepten auf den nachfolgenden Seiten.

KLEINE GERI & BEIL

CHTE
AGEN

AVOCADO EI-SANDWICH

MIT ORIENTALISCHEN KAROTTEN

Personen · 15 Min. · Vegetarisch

FÜR DIE ORIENTALISCHEN KAROTTEN

2 große Karotten
2 EL Olivenöl
1 TL Ras el Hanout
1 Msp. gemahlener Kreuzkümmel
1 Msp. gemahlener Zimt
Salz
frisch gemahlener schwarzer Pfeffer

FÜR DIE SANDWICHES

4 Scheiben Butterbrioche
1 Avocado
Saft von ½ Zitrone
Salz
frisch gemahlener schwarzer Pfeffer
Olivenöl zum Braten
2 Eier (Größe L)

Für die orientalischen Karotten die Karotten putzen, waschen und mit einem Sparschäler in feine Streifen schneiden. Diese mit dem Olivenöl und den Gewürzen in einer kleinen Schüssel gut vermengen. Ziehen lassen und vor dem Anrichten mit Salz und Pfeffer abschmecken.

Für die Sandwiches die Briochescheiben in einer beschichteten Pfanne ohne Fettzugabe von beiden Seiten anrösten. Dann herausnehmen und auf Tellern beiseitestellen.

Das Fruchtfleisch aus der Avocado lösen, in eine Schüssel geben und mit einer Gabel zerdrücken. Mit dem Zitronensaft beträufeln, mit je 1 Prise Salz und Pfeffer würzen und alles gut verrühren.

Etwas Olivenöl in einer Pfanne erhitzen und zwei Spiegeleier darin braten.

Zum Anrichten zwei Briochescheiben mit der Avocadocreme bestreichen, die Karottenstreifen darauf verteilen und jeweils ein Spiegelei obenauf legen. Die zwei übrigen Briochescheiben aufsetzen und die Avocado-Ei-Sandwichs servieren.

Hierzu passt ein grüner Salat.

CROISSANT SANDWICH

Personen 15 Min. Vegetarisch

2 Croissants (frisch oder vom Vortag)
150 g geriebener Cheddar
2 reife Tomaten
4 Frühlingszwiebeln
Olivenöl zum Anschwitzen
2 Eier (Größe L)
Salz
frisch gemahlener schwarzer Pfeffer

Die Croissants aufschneiden und auf den Schnittflächen in einer beschichteten Pfanne ohne Fettzugabe anrösten. Danach auf Tellern beiseitelegen. Den Cheddar in die Pfanne geben, schmelzen lassen und kross anbraten. Den knusprig gebratenen Käse halbieren und auf den unteren Croissanthälften verteilen.

Die Tomaten waschen, den Stielansatz herausschneiden und die Tomaten in Scheiben schneiden. Die Frühlingszwiebeln putzen, waschen und in Ringe schneiden.

Etwas Olivenöl in der Pfanne erhitzen und die Frühlingszwiebeln darin anschwitzen. Dann die Eier aufschlagen, zufügen und alles zu einem Omelett braten. Mit Salz und Pfeffer würzen.

Zum Anrichten das Omelett auf den Käse geben, die Tomatenscheiben darauf verteilen und die obere Hälfte der Croissants aufsetzen.

Dazu passt Tomatensalat mit Schnittlauch, starker Kaffee und Orangensaft.

HERZHAFTE ARME RITTER

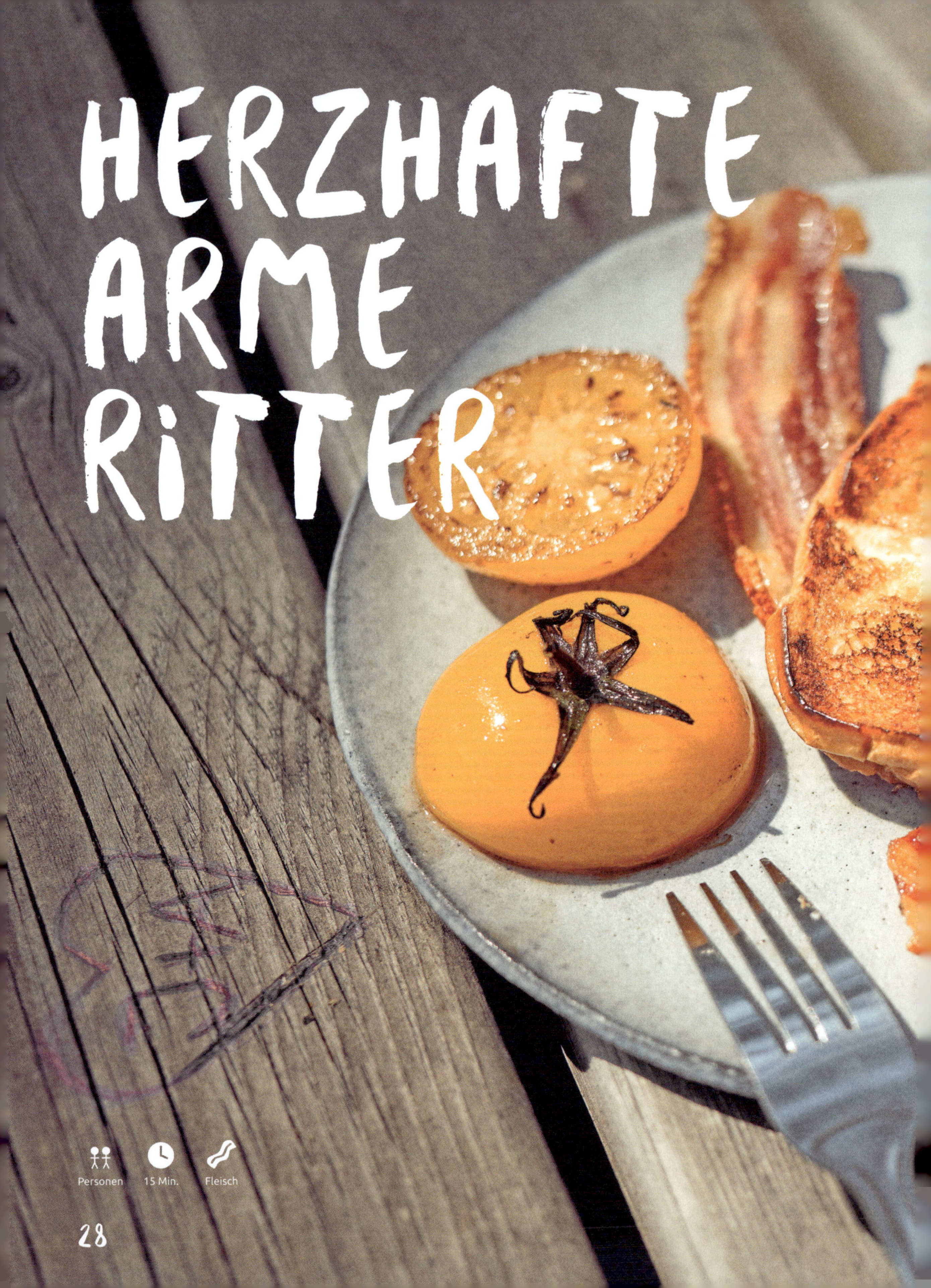

2 Personen | 15 Min. | Fleisch

2 Scheiben Toast
2 gelbe Tomaten
Butter zum Anrösten
2 Eier (Größe M)
Salz
frisch gemahlener schwarzer Pfeffer
6 Scheiben Bauchspeck
HP Sauce (Würzsauce) oder Ketchup

In der Mitte der Toastscheiben mit einem Schnapsglas ein Loch stanzen. Die Tomaten waschen und halbieren.

Etwas Butter in einer beschichteten Pfanne schmelzen und die Toastscheiben von einer Seite darin anrösten. Dann jeweils 1 Ei über den Toasts aufschlagen und das Eigelb dabei mittig in das ausgestanzte Loch platzieren. Kurz anbraten, bis das Ei stockt, dann wenden. Die Tomatenhälften zugeben und mitbraten.

Die Ei-Toastscheiben mit den Tomaten auf Tellern anrichten und mit Salz und Pfeffer würzen.

Die Speckscheiben in der Pfanne von beiden Seiten knusprig braten und auf die Teller verteilen.

Mit HP Sauce oder Ketchup servieren.

OPULENTES BAUERNOMELETT

Personen 45 Min. Vegetarisch

2 vorwiegend festkochende Kartoffeln
Olivenöl zum Anbraten
1 gelbe Paprikaschote
3 Frühlingszwiebeln
4 Eier (Größe M)
Salz
frisch gemahlener schwarzer Pfeffer
150 g Bergkäse, gerieben
½ Fenchelknolle
1 große Tomate
½ Bund Schnittlauch

Die Kartoffeln in leicht gesalzenem Wasser garen. Abgießen, auskühlen lassen und pellen. Die Kartoffeln in Würfel schneiden und in etwas Olivenöl in einer beschichteten Pfanne anbraten.

Die Paprikaschote und die Frühlingszwiebeln putzen und waschen. Die Samen und Trennhäute der Paprika entfernen. Die Paprika und die Frühlingszwiebeln klein schneiden, in die Pfanne geben und mitbraten.

Die Eier verquirlen und mit Salz und Pfeffer würzen. Die Eier über das Gemüse in der Pfanne gießen und stocken lassen. Dann den Käse darauf verteilen und etwas schmelzen lassen. Das Omelett mithilfe eines Tellers wenden und auf der zweiten Seite kross anbraten.

Den Fenchel und die Tomate putzen, waschen und in Spalten schneiden. Den Schnittlauch waschen, trockenschütteln und in Röllchen schneiden. Das Omelett aus der Pfanne nehmen, auf Tellern anrichten und mit den Gemüsespalten belegen. Mit Schnittlauch bestreut, servieren.

Dazu schmeckt frisch geröstetes Brot.

FARINE
1 KG

Personen | 15 Min. | Vegetarisch

BOLIVIANISCHE MAISPLÄTZCHEN

1 Dose Mais (ca. 300 g)
6 gehäufte EL Weizenmehl Type 405
1 EL Olivenöl plus mehr zum Ausbacken
1 Ei (Größe M)
Salz
frisch gemahlener schwarzer Pfeffer

Den Mais in ein Sieb abgießen und abtropfen lassen. Anschließend mit dem Mehl, dem Öl und dem Ei in einer Schüssel zu einem glatten, dickflüssigen Teig vermengen. Der Teig sollte die Konsistenz eines Waffelteigs haben. Nach Bedarf etwas mehr Mehl oder etwas Wasser zufügen. Die Masse mit Salz und Pfeffer würzen.

Reichlich Olivenöl in einer beschichteten Pfanne erhitzen. Den Maisplätzchenteig esslöffelweise in die Pfanne geben und von beiden Seiten goldbraun ausbacken.

TIPP: Serviert die Maisplätzchen mit Limettenvierteln und scharfer Sauce oder mit einem Dip aus Joghurt, gehackter frischer Minze, Salz und Pfeffer.

STOCKBROT MIT SPIEGELEI

WIE MAN EIN LAGERFEUER MACHT, STEHT AUF SEITE 39

Es gibt nichts Schöneres, als im Morgengrauen mit Freunden zum Strand aufzubrechen, um ein gemeinsames Frühstück vorzubereiten. Es gibt Stockbrot! Das schmeckt natürlich auch zum Sonnenuntergang.

Stockbrot besteht meist aus Hefeteig oder einem schnellen Quark-Öl-Teig, den du nach Lust und Laune mit süßen oder herzhaften Zutaten verfeinern kannst. Für die herzhafte Variante kannst du geriebenen Bergkäse, getrocknete Tomaten, Oliven oder Knoblauch unter den Teig mischen.
Für die süße Variante kannst du ein paar Teelöffel Rosinen in den Teig geben oder das fertig gebackene Brot mit Schokocreme, Konfitüre oder Zuckerguss bestreichen.

FÜR DAS STOCKBROT

400 g Weizenmehl Type 405 plus etwas mehr zum Bemehlen

1 Pck. Trockenhefe (oder ½ Würfel frische Hefe)

2 TL Salz

½ TL Zucker

3 EL Olivenöl

AUSSERDEM

Pinienzapfen und –nadeln

gereinigte dicke Holzstöcke

4 Eier (Größe M)

Öl zum Braten

Personen 1 Std. 15 Min. Vegetarisch

1. Das Mehl, die Hefe, das Salz und den Zucker mischen. Die Zutaten mit dem Olivenöl und etwa 175 ml lauwarmem Wasser zu einem glatten Teig verkneten. Bei Bedarf noch etwas Wasser zufügen.

2. Den Teig abgedeckt etwa 45 Minuten ruhen lassen, bis sich das Teigvolumen deutlich vergrößert hat. In der Zwischenzeit im Sand eine Feuergrube graben und Pinienzapfen und -nadeln hineingeben.

3. Ein Feuer entfachen und zu Glut runterbrennen lassen.

4. Den Teig in Stücke teilen und mit bemehlten Händen zu etwa 20 cm langen Teigsträngen formen. Diese jeweils um einen Stock wickeln.

5. Die Stockbrote über der heißen Glut von allen Seiten goldbraun backen.

6. Die Eier in etwas Öl in einer Eisenpfanne über der heißen Glut zu Spiegeleiern braten. Die Stockbrote zusammen mit den Spiegeleiern servieren.

GAZ
PACHO

GAZPACHO MIT GERÖSTETEM BAGUETTE

AN HEISSEN TAGEN KANN MAN DIE GAZPACHO AUCH AUS GLÄSERN MIT EIN PAAR EISWÜRFELN TRINKEN UND DAS GERÖSTETE BAGUETTE AUS DER HAND DAZU ESSEN – EINFACH PERFEKT!

FÜR DIE GAZPACHO

1 Salatgurke
je 1 rote, gelbe und grüne Paprikaschote
1 große Zwiebel
5 Knoblauchzehen
100 ml Olivenöl
plus etwas mehr zum Anbraten
Salz
frisch gemahlener schwarzer Pfeffer

FÜR DAS GERÖSTETE BAGUETTE

3 Knoblauchzehen
4 Scheiben Baguette
grobes Meersalz

Für die Gazpacho die Gurke und die Paprikaschoten waschen. Den Stiel, die Samen und Trennhäute der Paprikaschoten entfernen. Die Zwiebel und den Knoblauch abziehen. Alles in grobe Stücke schneiden, mit dem Olivenöl in einer Schüssel vermengen und mit einem Stabmixer pürieren. Die Gazpacho mit Salz und Pfeffer abschmecken.

Für das geröstete Baguette den Knoblauch mit der flachen Seite eines Messers grob zerdrücken und mit etwas Olivenöl in einer Pfanne erhitzen. Das Baguette von beiden Seiten darin kross anbraten und mit etwas Meersalz bestreuen.

Die Gazpacho auf tiefen Tellern anrichten und mit dem gerösteten Baguette servieren.

Personen | 15 Min. | Vegan

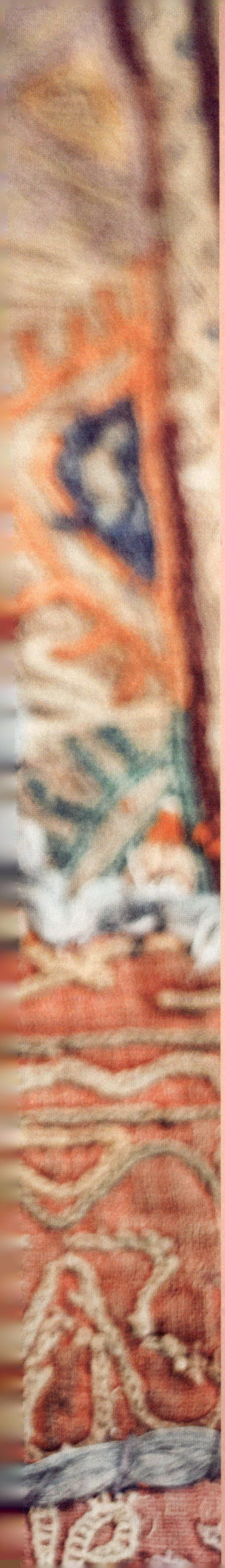

TAPAS

TOMATEN-BRUSCHETTA MIT SARDINEN

1 Fleischtomate
1 Zwiebel
2 EL Olivenöl
plus etwas mehr zum Anrösten
Salz
frisch gemahlener schwarzer Pfeffer
½ Baguette
1 Dose Sardinen in Öl
(Abtropfgewicht ca. 85 g)

Die Tomate waschen, den Stielansatz herausschneiden und das Fruchtfleisch entkernen. Die Zwiebel abziehen. Beides in kleine Würfel schneiden. Diese mit 2 EL Olivenöl in einer Schüssel vermengen, mit Salz und Pfeffer würzen und 10 Minuten ziehen lassen.

Das Baguette in Scheiben schneiden und von beiden Seiten in etwas Olivenöl in einer Pfanne anrösten. Anschließend herausnehmen und auf Tellern verteilen.

Die Tomaten-Zwiebel-Mischung auf die gerösteten Brotscheiben geben. Jeweils eine Sardine darauflegen und servieren.

Ein Glas Sherry dazu rundet das Gericht ab!

Personen | 15 Min. | Fisch

CHORIZO IN ROTWEIN MIT FRISCHEN FEIGEN

200 g Chorizo (spanische Paprikawurst)
2 frische Feigen
100 ml trockener Rotwein

Die Chorizo in Scheiben schneiden und in einer heißen Pfanne ohne Fettzugabe anbraten. Die Feigen putzen, waschen und vierteln. Die Feigenstücke in die Pfanne geben und zusammen mit der ausgelassenen Chorizo karamellisieren lassen.

Dann den Pfanneninhalt mit dem Rotwein ablöschen und den Sud leicht reduzieren.

Die Chorizo-Feigen-Mischung mit dem Sud in Schälchen anrichten und servieren.

Dazu passt frisches Baguette, um es in die leckere Sauce zu tunken!

Personen · 15 Min. · Fleisch

AUBERGINEN PÄCKCHEN MIT FETA & ROSMARIN

1 kleine Aubergine
Salz
200 g Fetakäse
frisch gemahlener schwarzer Pfeffer
1 große Knoblauchzehe
ein paar Zweige frischer Rosmarin
Olivenöl zum Anbraten

Personen · 20 Min. · Vegetarisch

Die Aubergine putzen, waschen und längs in schmale Scheiben schneiden. Diese mit reichlich Salz bestreuen und 10 Minuten ziehen lassen. Anschließend das Salz mit Küchenpapier vorsichtig entfernen und die Scheiben trockentupfen.

Den Fetakäse mit der Hand zerkrümeln und mit Pfeffer würzen. Den Knoblauch abziehen und fein hacken. Die Rosmarinzweige waschen, trockenschütteln und die unteren Nadeln abzupfen. Die gezupften Nadeln fein hacken und mit dem Knoblauch und dem Fetakäse vermengen. Die Zweige mit den Nadelspitzen auf 5 cm kürzen und beiseitelegen.

Die Auberginenscheiben in reichlich Olivenöl in einer Pfanne kurz von beiden Seiten anbraten. Anschließend herausnehmen und auf Küchenpapier abtropfen lassen.

Auf jede Auberginenscheibe etwa 1 EL der Fetakäsemasse geben und aufrollen. Die Röllchen mit jeweils einem Rosmarinzweig fixieren und, in Schälchen angerichtet, servieren.

WWW.POWDERSCHOOL.NET
POWDER

R
T
334

TORTILLA

4 mittelgroße festkochende Kartoffeln
1 Zwiebel
1 gelbe Paprikaschote
Olivenöl zum Anschwitzen und Anbraten
1 ½ EL Worcestersauce
5 Eier (Größe M)

Die Kartoffeln in leicht gesalzenem Wasser garen. Abgießen, auskühlen lassen und pellen. Die Kartoffeln in etwa 3 cm große Würfel schneiden und beiseitestellen.

Die Zwiebel abziehen. Die Paprika waschen und den Stiel, die Samen und die Trennhäute entfernen. Das Gemüse in Streifen schneiden und in etwas Olivenöl in einer beschichteten Pfanne anschwitzen. Mit der Worcestersauce ablöschen und beiseitestellen.

Reichlich Olivenöl in der Pfanne erhitzen und die Kartoffelwürfel darin kurz anbraten. Die Eier verquirlen, mit Salz und Pfeffer würzen und über die Kartoffeln gießen. Bei hoher Flamme 3–4 Minuten anbraten. Dann die Pfanne mit einem hitzebeständigen Teller abdecken und die Tortilla durchstocken lassen.

Die Tortilla auf den Teller stürzen, in Dreiecke schneiden und mit dem Zwiebel-Paprika-Gemüse servieren.

Mit frischem Baguette und kaltem Bier ist das Ganze perfekt!

Personen 1 Std.

FRITTIERTER BURRITO
MIT TOMATE & CHORIZO

1 Zwiebel
je 2 große, reife gelbe und rote Tomaten
200 g Chorizo (spanische Paprikawurst)
2 Weizentortillas
Olivenöl zum Anbraten
1 rote Chilischote
2 EL Crème fraîche
2 EL gehackter frischer Koriander

Die Zwiebel abziehen und in kleine Würfel schneiden. Die Tomaten waschen und den Stielansatz herausschneiden. Die Tomaten und die Chorizo in grobe Stücke schneiden.

Die Zwiebel und die Chorizo in einer heißen beschichteten Pfanne ohne Fettzugabe scharf anbraten. Wenn die Chorizo kross ist, die Tomatenstücke zugeben und bei niedrigerer Flamme schmoren und leicht einkochen.

Die sämige Zwiebel-Chorizo-Tomaten-Masse mittig auf den Tortillas verteilen. Die Ränder übereinander nach innen schlagen und diese »Päckchen« auf der gefalteten Seite in reichlich Olivenöl in einer beschichteten Pfanne bei mittlerer Flamme kross anbraten. Anschließend wenden und auf der zweiten Seite ebenfalls kross braten.

Die Chilischote putzen, waschen und in Ringe schneiden. Die Burritos auf Tellern anrichten und etwas Crème fraîche daraufgeben. Mit Koriander und Chili bestreut servieren.

Personen | 30 Min. | Fleisch

FRIED MOZZARELLA MIT TOMATENSUGO

Personen · 30 Min. · Vegetarisch

FÜR DEN FRITTIERTEN MOZZARELLA

1 Ei (Größe L)
Salz
frisch gemahlener schwarzer Pfeffer
Semmelbrösel zum Panieren
Weizenmehl Type 405 zum Wenden
2 Kugeln Mozzarella (ca. 250 g)
Erdnussöl zum Frittieren

FÜR DEN TOMATENSUGO

2 reife Fleischtomaten
1 Knoblauchzehe
2 Zweige frischer Thymian
Olivenöl zum Anschwitzen
1 Glas trockener Weißwein (ca. 125 ml)
Salz
frisch gemahlener schwarzer Pfeffer
Zucker

Für den frittierten Mozzarella das Ei verquirlen und mit Salz und Pfeffer würzen. Etwa eine Handvoll Semmelbrösel in einen tiefen Teller geben und mit je 1 Prise Salz und Pfeffer vermengen. Etwa eine halbe Handvoll Weizenmehl in einen zweiten tiefen Teller füllen. Die Mozzarellas aus der Lake nehmen und vorsichtig trockentupfen.

Die Mozzarellas zuerst im Mehl wenden und leicht abklopfen. Dann durch das verquirlte Ei ziehen und rundherum damit bedecken. Anschließend mit den Semmelbröseln panieren und beiseitestellen.

Für den Tomatensugo die Tomaten waschen und den Stielansatz herausschneiden. Den Knoblauch abziehen. Die Tomaten in kleine Würfel und den Knoblauch in feine Scheiben schneiden. Den Thymian waschen, trockenschütteln, die Blätter zupfen und fein hacken.

Etwas Olivenöl in einer Pfanne erhitzen und den Knoblauch darin anschwitzen. Die Tomatenwürfel dazugeben und sämig einkochen. Dann den Thymian unterrühren. Den eingedickten Tomatensugo mit dem Weißwein ablöschen und reduzieren. Zum Schluss mit Salz, Pfeffer und etwas Zucker abschmecken.

Reichlich Erdnussöl in einem beschichteten Topf erhitzen. Die panierten Mozzarellas, im Fett schwimmend, unter häufigem Wenden goldgelb frittieren. Dann mit einer Schöpfkelle aus dem Öl nehmen und auf Küchenpapier abtropfen lassen.

Den Tomatensugo mit den Mozzarellas auf tiefen Tellern anrichten und sofort servieren.

MARCOS MERGUEZ HOTDOG MIT GUACAMOLE

Personen | 20 Min. | Fleisch

Wir machen eine rustikale Guacamole ohne Knoblauch, da genug davon in den Merguez-Würstchen steckt.

FÜR DIE GUACAMOLE

2 Avocados
Saft von 1 ½ Limetten
8 Cherrytomaten

AUSSERDEM

1 Zwiebel
Saft von ½ Limette
4 Cornichons
4 Merguez-Würste (französische Bratwurst)
1 langes Baguette
Sriracha-Mayonnaise (Mayonnaise mit scharfer Chilisauce) als Topping

1. Für die Guacamole das Fruchtfleisch aus den Avocados lösen und mit einer Gabel in einer Schüssel zerdrücken.

2. Mit dem Saft der 1 ½ Limetten beträufeln und verrühren. Die Cherrytomaten waschen, vierteln und unter die Avocado-Masse heben.

3. Die Zwiebel abziehen, in feine Würfel schneiden und mit dem Saft der ½ Limette beträufeln. Die Cornichons in Scheiben schneiden.

4. Die Merguez-Würste auf dem Grill kross rösten.

5. Das Baguette quer in vier gleich große Stücke schneiden. Die Stücke jeweils längs aufschneiden, ohne sie durchzuschneiden. Die Guacamole gleichmäßig innen auf die Baguettestücke streichen und die Cornichons darauf verteilen.

6. Je eine Wurst auflegen und mit der Sriracha-Mayonnaise toppen. Mit den Zwiebelwürfeln bestreuen und sofort servieren.

Dazu gibt es kaltes Bier.
Marco sagt: »Guten Appetit!«

AUBERGINEN AIOLI

Personen 30 Min. Vegetarisch

Dieses Gericht eignet sich am besten zur Zubereitung über einem offenen Feuer!

2 Auberginen
2 Knoblauchzehen
4 Eigelb
500 ml Olivenöl
Saft von ½ Zitrone
Salz

AUSSERDEM

4 Peperoni
2 große Tomaten
1 Baguette

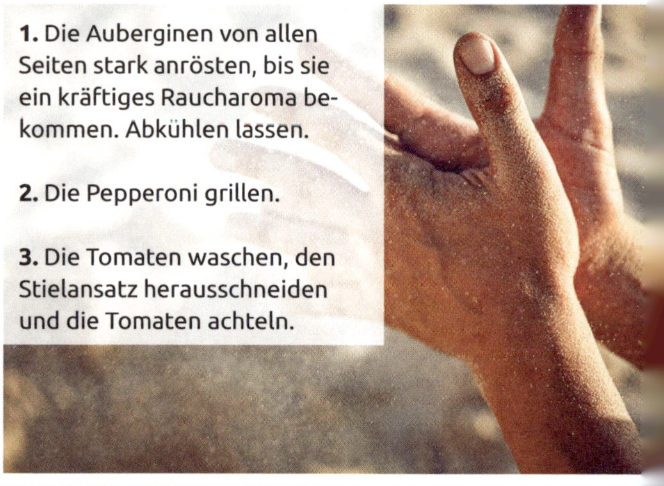

1. Die Auberginen von allen Seiten stark anrösten, bis sie ein kräftiges Raucharoma bekommen. Abkühlen lassen.

2. Die Pepperoni grillen.

3. Die Tomaten waschen, den Stielansatz herausschneiden und die Tomaten achteln.

4. Den Knoblauch abziehen und in einem Mörser zu einer Paste verarbeiten. Den Knoblauch mit dem Eigelb in einer Schüssel verrühren und mit einem Schneebesen kräftig aufschlagen. Das Öl unter Rühren langsam zugeben, erst tropfenweise, dann gleichmäßig einfließen lassen, bis eine cremige Mayonnaise entsteht.

5. Die gerösteten Auberginen halbieren und das weiche Fruchtfleisch mit einem Löffel herauskratzen. Dieses mit der Knoblauch-Mayonnaise vermischen. Mit Zitronensaft und Salz abschmecken.

6. Die Auberginen-Aioli mit Baguette, den Tomaten und den gegrillten Peperoni servieren.

NANAS BEILAGEN SALAT

1 kleine Dose Mais (ca. 140 g)
1 kleine Dose Kidneybohnen (ca. 400 g)
2 Karotten
1 kleiner Kopf Romanasalat
1 Bund frische glatte Petersilie
1 Knoblauchzehe
1 gehäufter TL Dijonsenf
4 EL Olivenöl
2 EL Apfelessig
Salz
frisch gemahlener schwarzer Pfeffer

Den Mais und die Kidneybohnen in ein Sieb abgießen und abtropfen lassen. Die Karotten waschen und fein raspeln. Den Salat putzen, waschen und in kleine Stücke schneiden. Die Petersilie waschen, trockenschütteln und grob hacken. Die vorbereiteten Zutaten in einer Schüssel vermengen.

Für das Dressing den Knoblauch abziehen und in eine kleine Schüssel pressen. Den Dijonsenf, das Olivenöl und den Apfelessig zufügen. Die Zutaten zu einem glatten Dressing verrühren und mit Salz und Pfeffer abschmecken. Das Dressing über den Salat geben und gründlich untermischen.

Personen | 10 Min. | Vegan

Zur Erklärung: Astrid wird meistens Nana genannt, und das ist ihr liebster Beilagensalat. Er passt zu vielen Gerichten gut, aber am liebsten essen wir ihn einfach zu Basmatireis. Und wenn es dazu noch ein gegrilltes Stück Fisch gibt, ist das Glück perfekt.

WEISSE BOHNEN SALAT MIT TOMATEN & KORIANDER

1 Zwiebel
4 EL Apfelessig
3 große Fleischtomaten
1 Dose weiße Bohnen (ca. 425 g)
1 EL körniger Dijonsenf
6 EL Olivenöl
1 Bund frischer Koriander (alternativ frische glatte Petersilie)

Personen · 15 Min. · Vegan

Die Zwiebel abziehen, in feine Würfel schneiden und in einer Salatschüssel mit dem Essig vermengen. Die Zwiebel etwa 10 Minuten im Essig marinieren; sie schmeckt dann milder.

In der Zwischenzeit die Tomaten waschen, den Stielansatz herausschneiden und das Fruchtfleisch in 3 cm große Stücke schneiden. Die Bohnen in ein Sieb abgießen und mit kaltem Wasser abspülen.

Den Senf mit dem Olivenöl verrühren und mit den Zwiebeln vermengen. Dann die Tomaten und die Bohnen untermischen. Den Koriander waschen, trockenschütteln, fein hacken und ebenfalls untermengen.

Dieser Beilagensalat passt perfekt zu gegrilltem Fleisch, Fisch oder Gemüse. Oder man serviert ihn mit etwas Weißbrot als Vorspeise.

Es gibt Menschen, die lieben Koriander, andere wiederum können ihn nicht ausstehen. Eine Alternative zu Koriander ist glatte Petersilie. Diese funktioniert genauso gut.

SELLERIE PAPRIKA-SALAT MIT SCHAFSKÄSE

4 Stangen Staudensellerie
1 rote Paprikaschote
1 Bund frischer Dill
Saft von 1 Zitrone
8 EL Olivenöl
200 g Schafskäse
Salz
frisch gemahlener schwarzer Pfeffer

Die Selleriestangen putzen, waschen und harte Fasern entfernen. Den Sellerie in Ringe schneiden. Die Paprikaschote putzen und waschen. Die Samen und Trennhäute entfernen und das Fruchtfleisch in 2 cm große Würfel schneiden. Den Dill waschen, trockenschütteln und fein hacken.

Die vorbereiteten Zutaten mit dem Zitronensaft und dem Olivenöl in einer Schüssel vermengen. Den Schafskäse mit der Hand darüber zerkrümeln. Alles mischen und mit Salz und Pfeffer abschmecken.

Dieser Salat passt gut zu Rühr- oder Spiegeleiern, Reisgerichten und gegrilltem Fisch.

Personen · 10 Min. · Vegetarisch

EIERSALAT
MIT GERÖSTETEM BROT

Personen | 10 Min. | Vegetarisch

FÜR DEN EIERSALAT

4 Eier, hart gekocht
2 gehäufte TL Dijonsenf
4 EL Mayonnaise
2 Msp. getrockneter Estragon
Saft und etwas Abrieb von 1 unbehandelten Zitrone

AUSSERDEM

½ Baguette in Scheiben geschnitten oder 2 Scheiben Sauerteigbrot
Olivenöl zum Rösten
Cornichons und Silberzwiebeln (optional)

Für den Eiersalat die Eier pellen, in feine Würfel schneiden und in eine Schüssel geben. Den Senf, die Mayonnaise, den Estragon und den Saft sowie den Abrieb der Zitrone zufügen und alles gut vermengen.

Das Brot in etwas Olivenöl in einer beschichteten Pfanne von beiden Seiten anrösten.

Den Eiersalat in Schälchen verteilen und mit dem Brot auf Tellern anrichten. Nach Belieben mit Cornichons und Silberzwiebeln servieren.

GEGRILLTES GEMÜSE

Der Mais soll nicht zu trocken werden, also rundherum nur so lange grillen, bis er zu rösten beginnt. Wenn er einmal auf jeder Seite gegrillt ist, die Butter darüber verteilen und schmelzen lassen. Jetzt wird es eventuell ein paar hohe Flammen geben, aber das ist auch okay. Die Paprika hingegen soll von allen Seiten einmal schwarz werden und Blasen werfen. Dann nehmt ihr sie vom Grill und schabt mit einem scharfen Messer die verbrannte Haut ab. Darunter verbirgt sich das feine Fruchtfleisch, das jetzt ein tolles Röstaroma hat.

Personen 20 Min. Vegetarisch

Das ist ein perfektes Grillgericht wenn man mal auf Fleisch und Fisch verzichten möchte. Dazu noch ein Beilagensalat und etwas Weißbrot – mehr braucht es nicht.

3 Knoblauchzehen
100 g zimmerwarme Butter
4 rote Paprikaschoten
2 Zwiebeln
2 vorgegarte Maiskolben
Olivenöl
Salz
frisch gemahlener schwarzer Pfeffer

Den Knoblauch abziehen, zerdrücken oder sehr fein hacken. Zwei Drittel davon mit der Butter vermengen. Den übrigen Knoblauch zum Anrichten beiseitestellen.

Die Paprikaschoten waschen und mit den ungeschälten Zwiebeln sowie den Maiskolben bei hoher Flamme rundherum grillen.

Wenn die Paprikaschoten schwarz sind und die Haut Blasen wirft, die Schoten vom Grill nehmen. Die verbrannte Haut vorsichtig ablösen. Die Zwiebeln ebenfalls vom Grill nehmen, wenn die Schale schwarz ist. Etwas abkühlen lassen und dann aus der Schale lösen. Verbrannte Teile entfernen. Die Maiskolben mit der Knoblauchbutter bestreichen.

Das fertig gegrillte Gemüse auf einen Teller geben, mit reichlich Olivenöl beträufeln und mit dem beiseitegestellten Knoblauch bestreuen. Mit Salz und Pfeffer würzen und servieren.

PERSISCHER REIS

500 g Basmatireis
Salz
½ TL Safranfäden
60 ml Olivenöl

Den Basmatireis in ein feines Sieb geben und mit kaltem Wasser abspülen. Anschließend in einen beschichteten Topf geben und mit 500 ml Wasser auffüllen. Etwas Salz und die Safranfäden unterrühren. Das Wasser bei hoher Flamme aufkochen und den Reis ohne Deckel garen, bis das Wasser verdampft ist. Dann am Topfinnenrand rundherum das Olivenöl einlaufen lassen und den Kuchen fertig backen.

Den Topf gelegentlich etwas rütteln, um zu prüfen, ob sich der Reis im Ganzen vom Rand löst. Wenn der Geruch von angeröstetem Reis wahrzunehmen ist und sich ein zusammenhängender Reiskuchen vom Topf lösen lässt, ist er fertig.

Den Reiskuchen auf einen Teller stürzen. Zum Servieren mit einem Messer portionieren.

Passt gut zu vielen Saucengerichten.

Dieser Reiskuchen passt zu allen Gerichten, die üblicherweise mit Reis serviert werden. Den persischen Reis bereitet man üblicherweise in Reiskochern zu – oft auch mit Kartoffeln oder Hülsenfrüchten gemischt. Auf einer Gasflamme gelingt er immer, wenn man den Reis gut gewaschen hat und auf seine Nase »hört«, wann der perfekte Röstgrad erreicht ist. Er lässt sich dann schön in Stücke schneiden und verteilen, ist außen knusprig und innen perfekt gegart.

Personen | 1 Std. | Vegan

HAU
GERIC

PT
HTE

Fleur de Maïs
Sauces
Gâteaux
Soupes
+ Onctueuses

SHRIMP BURGER

MIT ANANAS COLESLAW

FÜR DEN COLESLAW

½ Kopf Weißkohl

1 kleine Ananas

2 Becher Crème fraîche (à ca. 150 g)

1 TL Currypulver

frisch gemahlener schwarzer Pfeffer

1 unbehandelte Limette

FÜR DIE BURGERSAUCE

1 Bund frischer Dill

1 EL Dijonsenf

4 EL Mayonnaise

FÜR DIE SHRIMP-PATTYS

500 g rohe, küchenfertige Riesengarnelen in der Schale (Black Tiger Prawns)

½ Limette

Salz

frisch gemahlener schwarzer Pfeffer

2 EL Maisstärke

Butter zum Anbraten

AUSSERDEM

2 Briochebrötchen

bunter Blattsalat

Für den Coleslaw den Strunk des Weißkohls entfernen, den Kohl in feine Streifen schneiden, waschen und trockenschütteln. Die Ananas schälen, das harte Strunkstück entfernen und das Fruchtfleisch in kleine Würfel schneiden. Den Weißkohl und die Ananas mit der Crème fraîche vermengen. Mit dem Currypulver und Pfeffer würzen. Die Limette heiß abwaschen und die Schale fein abreiben. Diese für die Burgersauce aufheben. Die Limette pressen und den Saft unter den Coleslaw rühren. Den Coleslaw abgedeckt für mindestens 2 Stunden an einem kühlen Ort durchziehen lassen.

Für die Burgersauce den Dill waschen, trockenschütteln und fein hacken. Den Dill mit dem Senf, der Mayonnaise und der abgeriebenen Limettenschale glatt verrühren.

Für die Shrimp-Pattys die Garnelen aus der Schale lösen und in eine Schüssel geben. Anschließend mit dem Saft der ½ Limette sowie je 1 Prise Salz und Pfeffer würzen. Die gewürzten Garnelen mit einem Stabmixer grob pürieren. Die Maisstärke dazugeben und alles zu einer homogenen Masse verkneten. Aus der Masse 2 Pattys formen und in etwas Butter in einer Pfanne von beiden Seiten kross anbraten.

In der Zwischenzeit die Briochebrötchen halbieren, auf den Innenseiten anrösten und auf Teller verteilen. Den Blattsalat waschen und trockenschütteln. Die unteren Brötchenhälften mit Salat belegen, Burgersauce daraufgeben und die Shrimp-Pattys obenauf legen. Die oberen Brötchenhälften aufsetzen.

Die Burger mit dem Coleslaw und je einem Glas Sekt servieren.

Personen

45 Min.
(plus Ruhezeit
2 Stunden)

Garnelen

TOMATENBURGER MIT SÜSSKARTOFFEL POMMES

FÜR DIE SÜSSKARTOFFEL-POMMES

2 große Süßkartoffeln

Öl zum Frittieren

Salz

FÜR DIE TOMATENBURGER

500 g frisches Rinderhack von der Hüfte (oder ein ähnlich mageres Stück Fleisch)

frisch gemahlener schwarzer Pfeffer

Butterschmalz oder Pflanzenöl zum Anbraten

2 große Tomaten, Sorte »Ananas Noir« (oder ähnlich große, saftige Tomaten)

1 Gemüsezwiebel

2 EL HP Sauce (Würzsauce)

Für die Süsskartoffelpommes die Süßkartoffeln schälen und in dicke Stifte schneiden. Diese in reichlich heißem Öl in einem Topf goldbraun frittieren (siehe Seite 94 und 95). Dann mit einer Schöpfkelle aus dem Öl nehmen und auf Küchenpapier abtropfen lassen. Mit etwas Salz würzen.

Für die Tomatenburger das Hackfleisch mit Pfeffer würzen und zu 2 Pattys formen. Diese in etwas Butterschmalz oder Pflanzenöl in einer heißen Pfanne von beiden Seiten knusprig anbraten. Dann aus der Pfanne nehmen, in Alufolie wickeln und das Fleisch etwas ruhen lassen.

Die Tomaten waschen und in zwei Hälften teilen. Diese von beiden Seiten in etwas Fett in der Pfanne anschmoren. Anschließend auf zwei Teller verteilen. Die Pfanne nicht ausspülen.

Die Zwiebel abziehen, in Ringe schneiden und in der Pfanne hellbraun anschwitzen. Dann die Würzsauce dazugeben und mit den Zwiebelringen vermengen.

Zum Anrichten die Pattys auf die unteren Tomatenhälften legen, die gewürzten Zwiebelringe daraufgeben und die oberen Tomatenhälften aufsetzen.

Personen 45 Min. Fleisch

KUMPIR MIT CHILI CON CARNE

FÜR DIE KUMPIR MIT CHILI CON CARNE

3 große festkochende Kartoffeln
Salz
1 große Zwiebel
1 rote Paprikaschote
Olivenöl zum Anbraten
500 g frisches Rinderhack
200 g Tomatenmark
1 TL gemahlener Kreuzkümmel
2 TL Paprikapulver
1 TL Kurkumapulver
2 EL Maiskörner aus der Konserve
frisch gemahlener schwarzer Pfeffer

AUSSERDEM

1 Limette
ein paar Salatblätter
frischer Koriander oder frische glatte Petersilie
3 Chilischoten
3 EL Crème fraîche
Ketchup (optional)

Personen · 1 Std. · Fleisch

Die Kartoffeln in leicht gesalzenem Wasser garen. Dann abgießen, zurück in den Topf geben und mit aufgesetztem Deckel beiseitestellen.

Für das Chili con Carne die Zwiebel abziehen. Die Paprikaschote waschen und die Samen sowie die Trennhäute entfernen. Die Zwiebel und die Paprika in kleine Würfel schneiden.

Die Gemüsewürfel in etwas Olivenöl in einer Pfanne mit hohem Rand anbraten. Dann das Hackfleisch zufügen und unter gelegentlichem Wenden durchbraten. Anschließend das Tomatenmark unterrühren.

Das Hackfleisch mit dem Kreuzkümmel, dem Paprika- und dem Kurkumapulver würzen. Etwa 240 ml Wasser zugießen, den Pfanneninhalt aufkochen und leicht reduzieren. Danach die Maiskörner untermengen. Mit Salz und Pfeffer abschmecken.

Die Kartoffeln auf Tellern verteilen, mittig längs aufschneiden und etwas aufdrücken. Mit Chili con Carne füllen und mit frisch gemahlenem Pfeffer bestreuen.

Die Limette in Stücke schneiden. Die Salatblätter und den Koriander oder die Petersilie waschen und trockenschütteln. Limettenstücke, Salat und Kräuter mit je einer Chilischote und 1 EL Crème fraîche neben den Kartoffeln anrichten und servieren. Nach Belieben noch mit etwas Ketchup würzen.

CHAMPIGNON BOLOGNESE

400 g braune Champignons
1 Bund Suppengemüse
1 große Zwiebel
2 Knoblauchzehen
Olivenöl zum Anbraten
3–4 gehäufte EL Tomatenmark
200 ml trockener Weißwein
Salz
frisch gemahlener schwarzer Pfeffer
getrocknete oder frische Kräuter (optional)
500 g Spaghetti

Die Champignons abreiben. Das Suppengemüse putzen und waschen. Die Zwiebel und den Knoblauch abziehen. Das Gemüse und die Zwiebel in kleine Würfel schneiden. Den Knoblauch fein hacken.

Die Champignonwürfel in wenig Öl in einer Pfanne anbraten. Dann das übrige Gemüse, die Zwiebel und den Knoblauch zugeben und mitbraten, bis sich Röstaromen entwickeln. Jetzt das Tomatenmark einrühren und kräftig anrösten.

Den Weißwein unter Rühren langsam zugießen und die Sauce reduzieren, bis sie eingedickt ist. Die Champignonbolognese mit Salz, Pfeffer und Kräutern nach Belieben abschmecken.

Die Spaghetti in gesalzenem Wasser nach Packungsangabe al dente kochen. Anschließend abgießen.

Die Spaghetti auf tiefen Tellern anrichten und mit der Bolognese toppen.

Personen | 45 Min. | Vegan

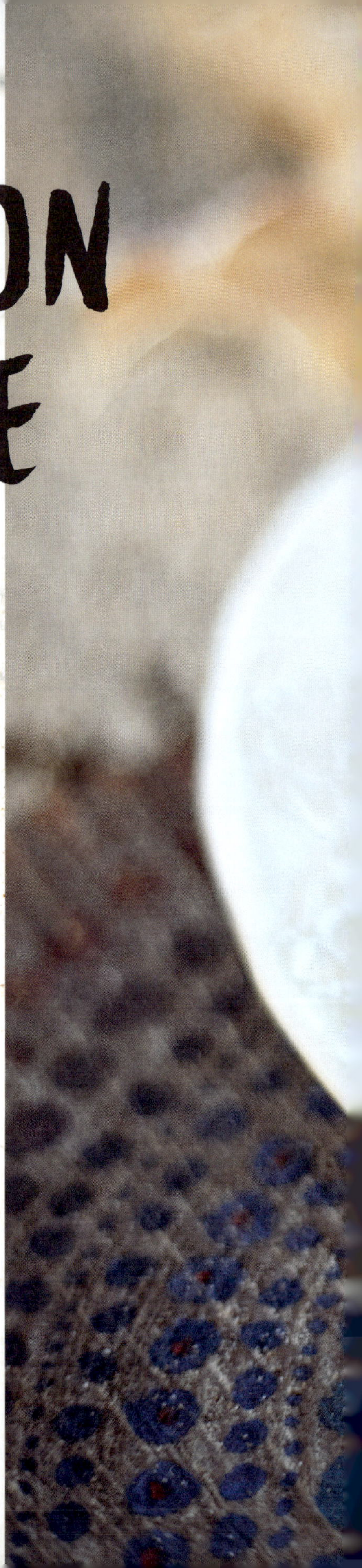

CHAMPIGNON BOLOGNESE

STEINPILZ RISOTTO

Personen · 45 Min. · Vegetarisch

30 g getrocknete Steinpilze
1 ½ l lauwarme Gemüsebrühe
1 Schalotte
1 Knoblauchzehe
90 g Butter
300 g Risottoreis
80 g geriebener Parmesan (am besten frisch gerieben)

Die getrockneten Steinpilze in die Gemüsebrühe geben und etwa 20 Minuten einweichen lassen. Die Schalotte und den Knoblauch abziehen. Die Schalotte in kleine Würfel und den Knoblauch in dünne Scheiben schneiden.

Die eingeweichten Pilze aus der Gemüsebrühe nehmen und vorsichtig ausdrücken. Die Gemüsebrühe aufkochen und mit aufgesetztem Deckel beiseitestellen.

40 g Butter in einem Topf zerlassen. Die Schalotte, den Knoblauch und den Reis darin glasig anschwitzen. Dann die Pilze zugeben. 1 Kelle Brühe eingießen und unter ständigem Rühren die Flüssigkeit vom Reis aufnehmen lassen. Diesen Vorgang bei hoher Flamme wiederholen, bis das Risotto eine cremige Konsistenz hat und der Reis bissfest gegart ist. Den Topf dann von der Flamme nehmen und den Parmesan mit der übrigen Butter unter das Risotto ziehen.

Das Risotto auf Tellern anrichten und servieren. Dazu passt einer unserer Beilagensalate.

TORTELLINI

MIT GORGONZOLA ROTE-BETE-SAUCE

500 g Tortellini
Salz
200 g Gorgonzola
250 g flüssige Sahne
1 kleines Glas gewürfelte Rote Bete (ca. 200 g)
frisch gemahlener weißer Pfeffer
Schnittlauchröllchen zum Garnieren

Die Tortellini in gesalzenem Wasser nach Packungsangabe al dente kochen. Anschließend abgießen.

Den Gorgonzola in Würfel schneiden und in einer beschichteten Pfanne erhitzen. Wenn er anfängt zu schmelzen, die Sahne zugießen und umrühren, bis der Käse komplett zerlaufen ist.

Die Hälfte des Rote-Bete-Safts abgießen, den übrigen Saft zusammen mit den Rote-Bete-Stücken zur Gorgonzola-Sahne-Sauce geben. Die Tortellini zufügen und alles gut durchmischen. Mit Salz und Pfeffer abschmecken und alles 2–3 Minuten köcheln lassen.

Die Tortellini mit der Sauce auf Tellern anrichten und, mit Schnittlauchröllchen garniert, servieren.

Personen 30 Min. Vegetarisch

JANJAS PASTA

MIT FENCHELPESTO

2–3 EL Fenchelsamen
75 g Pinienkerne
150 g Parmesan am Stück
200 ml Olivenöl
500 g Spaghetti

Personen 20 Min. Vegetarisch

Die Fenchelsamen in einer beschichteten Pfanne ohne Fettzugabe bei mittlerer Flamme anrösten, bis die Samen fein duften. Die Pfanne währenddessen gelegentlich schwenken, damit die Samen nicht verbrennen. Die angerösteten Fenchelsamen in einem Mörser zerstoßen und anschließend in ein hohes Gefäß mit breitem Rand geben.

Dann die Pinienkerne in der Pfanne ohne Fettzugabe bei mittlerer Flamme anrösten und zu den Fenchelsamen geben. Den Parmesan in grobe Stücke schneiden und ebenfalls zugeben. Das Olivenöl zugießen und alles mit dem Stabmixer zu einem glatten Pesto pürieren.

Die Spaghetti nach Packungsangabe in gesalzenem Wasser al dente kochen. Anschließend in ein Sieb abgießen und nur leicht abtropfen lassen. Die Spaghetti zurück in den Topf geben und mit dem Pesto vermengen.

Dazu passen frische Radieschen oder einer unserer Beilagensalate.

LINGUINE MIT MUSCHELN

Personen | 30 Min. | Muscheln

IN WEISSWEIN SAFRAN-SAUCE

1 Fleischtomate
Salz
500 g Linguine
2 Knoblauchzehen
1 Spitzpaprikaschote
Olivenöl zum Anschwitzen
500 g küchenfertige Muscheln nach Wahl
200 ml trockener Weißwein
1 TL Safranfäden
frisch gemahlener schwarzer Pfeffer
1 Bund frische glatte Petersilie, fein gehackt

Die Tomate waschen und die Haut auf der Unterseite kreuzweise (nicht zu tief) einritzen. Die Tomate für 1 Minute in einen großen Topf mit kochendem Wasser geben. Anschließend herausnehmen und kalt abschrecken.

Das Wasser im Topf erneut aufkochen, salzen und die Linguine darin nach Packungsangabe al dente kochen. Anschließend abgießen.

Die Tomate mit einem kleinen Messer häuten und in kleine Würfel schneiden. Den Knoblauch abziehen und in feine Scheiben schneiden. Die Paprikaschote waschen und die Samen sowie die Trennhäute entfernen. Das Fruchtfleisch in Würfel schneiden.

Reichlich Olivenöl in dem Topf erhitzen. Den Knoblauch und die Paprikawürfel darin anschwitzen. Dann die Tomatenstücke zufügen und mitbraten.

In der Zwischenzeit die Muscheln waschen, bereits geöffnete und angebrochene wegwerfen. Die Muscheln in den Topf geben und 5 Minuten mitgaren. Dann den Weißwein zugießen, den Deckel aufsetzen und alles bei mittlerer Flamme 10 Minuten köcheln lassen. Die im Anschluss an die Garzeit geschlossenen Muscheln aussortieren und wegwerfen. (Ungeöffnete Muscheln sind nicht zum Verzehr geeignet.)

Die Nudeln und die Safranfäden mit einer Küchenzange untermengen. Die Sauce vor dem Servieren noch etwas einkochen und mit Salz und Pfeffer abschmecken.

Die Linguine mit den Muscheln auf tiefen Tellern anrichten und, mit Petersilie bestreut, servieren.

ISSONNERIE
UPOUY

MOULES
BOUCHOTS
NETTOYES

PERNOD TAGLIATELLE MIT GARNELEN

16 frische Garnelen
500 g schwarze Tagliatelle
Salz
Olivenöl zum Anbraten
60 ml Pernod
2 mittelgroße Knoblauchzehen
250 g flüssige Sahne
frisch gemahlener schwarzer Pfeffer

Die Garnelen mit einem scharfen Messer tief am Rücken einschneiden, die Schale und den Kopf nicht entfernen. Die Garnelen entdarmen, waschen und trockentupfen.

Die Tagliatelle in gesalzenem Wasser nach Packungsangabe al dente kochen. Anschließend abgießen und zurück in den Topf geben. Mit etwas Olivenöl vermengen, damit sie nicht zusammenkleben, und warmhalten.

Die Garnelen mit der aufgeschnittenen Rückenseite in eine heiße Pfanne mit Olivenöl geben und auf dieser Seite kross anbraten. Die Garnelen dabei ein wenig andrücken, damit sich die Schnittstellen am Rücken schmetterlingsartig öffnen. Wenn sich die Schalen rot färben, sind die Garnelen gar.

Dann 40 ml Pernod über die Garnelen geben und mit einem Feuerzeug anzünden. Achtung: Die Flamme kann kurz recht hoch sein.

Wenn die Flammen erloschen sind, die Garnelen aus der Pfanne nehmen und beiseitelegen. Die Pfanne nicht ausspülen. Den Knoblauch abziehen und halbieren. Noch etwas Olivenöl in die Pfanne geben und den Knoblauch darin kurz durchschwenken.

Dann die Nudeln, den übrigen Pernod und die Sahne zufügen. Die Sauce unter Rühren leicht reduzieren, bis sie gut an den Nudeln haftet.

Die Tagliatelle mit Salz und Pfeffer abschmecken und dann auf tiefe Teller verteilen. Jeweils vier Garnelen darauf anrichten und servieren!

Personen | 30 Min. | Garnelen

MAKKARONI
MIT GEBEIZTEM LACHS

500 g Makkaroni
Salz
3 Frühlingszwiebeln
Olivenöl zum Anschwitzen
300 g gebeizter Lachs
200 g flüssige Sahne
150 g geriebener Parmesan (am besten frisch gerieben)
frisch gemahlener schwarzer Pfeffer

Die Makkaroni in gesalzenem Wasser nach Packungsangabe al dente kochen. Anschließend abgießen.

Die Frühlingszwiebeln putzen, waschen und in Ringe schneiden. Diese in etwas Olivenöl in einer Pfanne glasig anschwitzen.

Den Lachs in etwa 2 cm breite Streifen schneiden und zu den angeschwitzten Frühlingszwiebeln in die Pfanne geben. Alles 1–2 Minuten unter Schwenken garen. Dann mit der Sahne ablöschen. Anschließend die Makkaroni und den Parmesan untermengen. Die Pasta mit Salz und Pfeffer abschmecken.

Die Makkaroni mit der Sauce auf Tellern verteilen und, nach Belieben mit Kräutern bestreut, servieren.

Personen | 20 Min. | Fisch

AFRIKANISCHER ERDNUSSBUTTER EINTOPF

½ Kopf Weißkohl
1 rote Paprikaschote
2–3 Karotten
1 Gemüsezwiebel
2 Knoblauchzehen
Olivenöl zum Anschwitzen
3 EL Tomatenmark
1 EL gemahlener Kreuzkümmel
1 EL Paprikapulver
1 kleine Dose Kidneybohnen (ca. 400 g)
3 EL Erdnussbutter
400 ml Gemüsebrühe
250 ml Mangosaft
Salz
frisch gemahlener schwarzer Pfeffer

Vom Weißkohl den Strunk entfernen, den Kohl in mundgerechte Stücke schneiden, waschen und in einem Sieb gut abtropfen lassen.

Die Paprikaschote und die Karotten putzen und waschen. Die Samen und Trennhäute der Paprika entfernen. Die Zwiebel abziehen. Das Gemüse klein schneiden. Den Knoblauch abziehen und fein hacken.

Den Weißkohl mit den Karotten, den Zwiebeln und dem Knoblauch in etwas Olivenöl in einem großen Topf anschwitzen. Wenn der Kohl etwas zusammengefallen ist, die Paprika dazugeben und mitanschwitzen.

Das Tomatenmark, den Kreuzkümmel und das Paprikapulver zufügen und alles unter Rühren anbraten, bis sich Röstaromen entwickeln.

Die Kidneybohnen in ein Sieb abgießen und abtropfen lassen. Die Erdnussbutter einrühren und schmelzen lassen. Mit der Gemüsebrühe und dem Mangosaft ablöschen, alles gut verrühren und die Kidneybohnen zufügen. Mit Salz und Pfeffer würzen.

Der Eintopf bei geschlossenem Deckel bei niedriger Flamme 10 Minuten köcheln lassen. Dann den Deckel abnehmen und bei hoher Flamme unter Rühren sämig einkochen.

Dazu passt Basmatireis.

Der Erdnussbuttereintopf ist ein herzhaftes Gericht: pikant-würzig, ein bisschen süß und ein bisschen salzig. Die Zutaten bekommt man überall, und preiswert sind sie auch.

Personen · 30 Min. · Vegan

MAROKKANISCHER HÄHNCHEN EINTOPF

Personen | 1 Std. 30 Min. | Fleisch

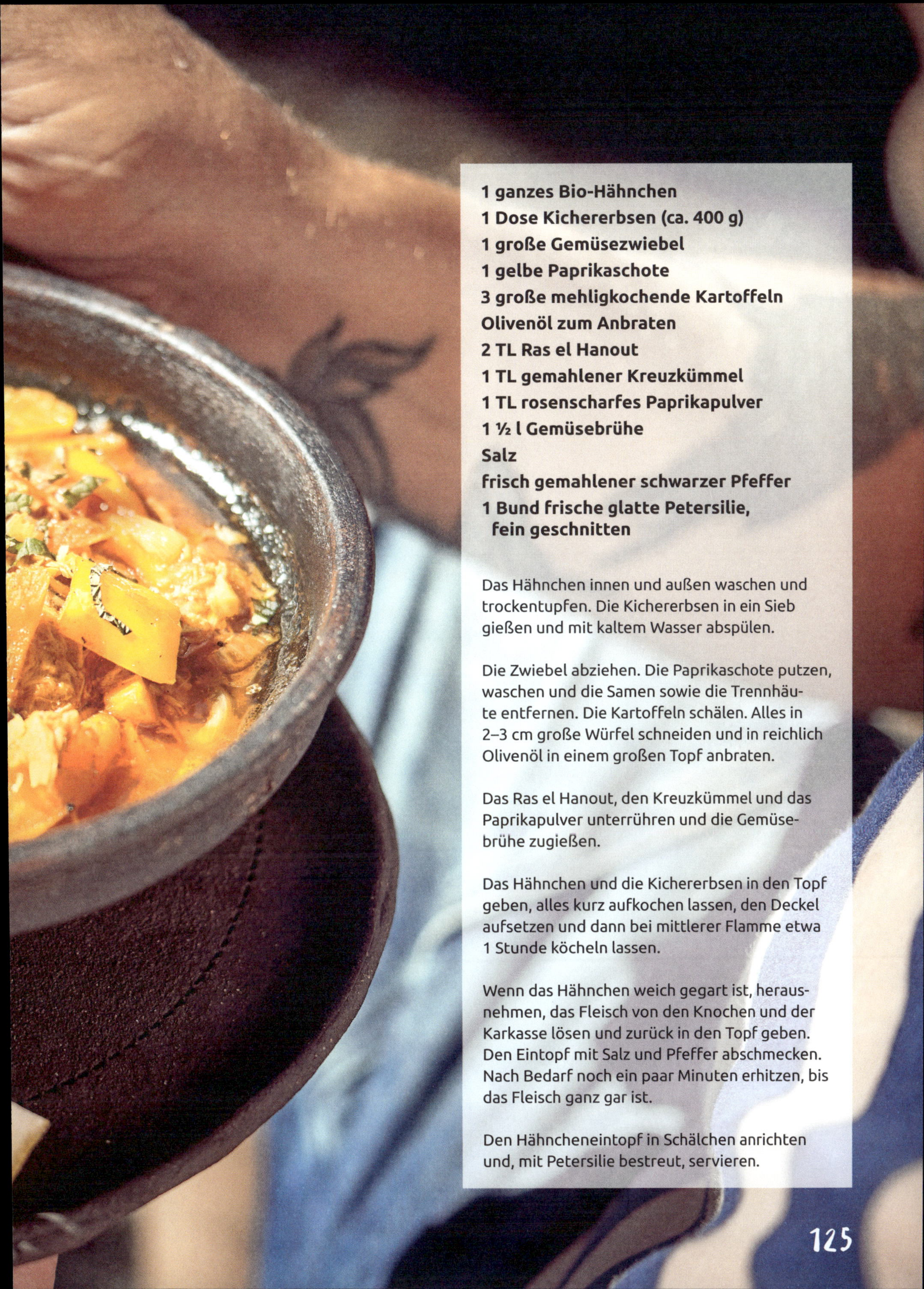

1 ganzes Bio-Hähnchen
1 Dose Kichererbsen (ca. 400 g)
1 große Gemüsezwiebel
1 gelbe Paprikaschote
3 große mehligkochende Kartoffeln
Olivenöl zum Anbraten
2 TL Ras el Hanout
1 TL gemahlener Kreuzkümmel
1 TL rosenscharfes Paprikapulver
1 ½ l Gemüsebrühe
Salz
frisch gemahlener schwarzer Pfeffer
1 Bund frische glatte Petersilie, fein geschnitten

Das Hähnchen innen und außen waschen und trockentupfen. Die Kichererbsen in ein Sieb gießen und mit kaltem Wasser abspülen.

Die Zwiebel abziehen. Die Paprikaschote putzen, waschen und die Samen sowie die Trennhäute entfernen. Die Kartoffeln schälen. Alles in 2–3 cm große Würfel schneiden und in reichlich Olivenöl in einem großen Topf anbraten.

Das Ras el Hanout, den Kreuzkümmel und das Paprikapulver unterrühren und die Gemüsebrühe zugießen.

Das Hähnchen und die Kichererbsen in den Topf geben, alles kurz aufkochen lassen, den Deckel aufsetzen und dann bei mittlerer Flamme etwa 1 Stunde köcheln lassen.

Wenn das Hähnchen weich gegart ist, herausnehmen, das Fleisch von den Knochen und der Karkasse lösen und zurück in den Topf geben. Den Eintopf mit Salz und Pfeffer abschmecken. Nach Bedarf noch ein paar Minuten erhitzen, bis das Fleisch ganz gar ist.

Den Hähncheneintopf in Schälchen anrichten und, mit Petersilie bestreut, servieren.

BUD SPENCER
BOHNEN
PFANNE

Ein so schnell gemachtes Bohnengericht passt zu jeder Tageszeit, ob als Frühstück oder schneller Snack nach dem Strand. Die Tomatenwürfel und die Bohnen verschmelzen mit den anderen Zutaten zu einer leckeren Sauce, und die saftige Tomatenscheibe in der Mitte schmeckt schön fruchtig und bringt ordentlich Frische. Wer es nicht vegan möchte, kann Serranoschinkenstreifen kross anrösten und sie dann über die fertige Bohnenpfanne verteilen.

1 große reife Fleischtomate
1 Zwiebel
1 Knoblauchzehe
Olivenöl zum Anbraten
1 Dose weiße Bohnen (ca. 425 g)
½ TL getrockneter Thymian
½ TL Kräuter der Provence
Salz
frisch gemahlener schwarzer Pfeffer
Worcestersauce zum Abschmecken

Die Tomate waschen und den Stielansatz keilförmig herausschneiden. Aus der Mitte eine dicke Scheibe schneiden und den Rest in Würfel schneiden.

Die Zwiebel und den Knoblauch abziehen, in Würfel schneiden und mit etwas Olivenöl in einer Pfanne anbraten.

Die Tomatenscheibe in die Mitte der Pfanne legen, die Tomatenwürfel ringsherum verteilen und mit den Zwiebeln und dem Knoblauch unter Rühren garen.

Die Bohnen und die Kräuter zufügen und mit der Sauce verrühren. Mit Salz und Pfeffer würzen und mit einem guten Schuss Worcestersauce abschmecken. Die Tomatenscheibe wenden und alles bei niedriger Flamme 5 Minuten köcheln lassen.

Die Bohnen-Pfanne ganz in Bud-Spencer-Manier mit einem Holzlöffel direkt aus der Pfanne essen.

Personen | 30 Min.

SHERRYHUHN & RATATOUILLE

FÜR DAS RATATOUILLE

1 Aubergine
1 grüne Paprikaschote
1 rote Paprikaschote
1 gelbe Paprikaschote
1 Gemüsezwiebel
Olivenöl zum Anschwitzen und Braten
1 TL Kräuter der Provence
Salz
frisch gemahlener schwarzer Pfeffer
700 g passierte Tomaten

FÜR DAS SHERRYHUHN

4 Hähnchenschenkel
Salz
frisch gemahlener schwarzer Pfeffer
1 Glas grüne Oliven ohne Stein (160 g)
150 ml trockener Sherry

Für das Ratatouille die Aubergine und die Paprikaschoten waschen. Die Samen und Trennhäute der Paprikaschoten entfernen. Die Zwiebel abziehen. Das Gemüse anschließend in etwa 3 cm große Würfel schneiden.

Etwas Olivenöl in einem großen Topf erhitzen und das Gemüse bei mittlerer Flamme darin glasig anschwitzen. Dann die Kräuter der Provence zufügen. Den Topfinhalt mit Salz und Pfeffer abschmecken. Anschließend die passierten Tomaten einrühren. Das Ratatouille bei mittlerer Flamme und aufgesetztem Deckel etwa 15 Minuten köcheln lassen, zwischendurch gelegentlich umrühren.

Für das Sherryhuhn die Hähnchenschenkel waschen, trockentupfen und mit einem scharfen Messer am Gelenk durchtrennen. Jedes Stück dreimal tief einschneiden, um die Garzeit zu verkürzen. Reichlich Olivenöl in einer großen beschichteten Pfanne mit Deckel erhitzen und die Hähnchenteile mit Abstand zueinander hineinlegen. Bei aufgesetztem Deckel 10 Minuten bei mittlerer Flamme braten.

Die Hähnchenteile anschließend wenden und auf der zweiten Seite bei aufgesetztem Deckel ebenfalls 10 Minuten braten. Danach mit Salz und Pfeffer würzen.

Nach der Garzeit die Hitze erhöhen. Die Oliven in ein Sieb abgießen und in Scheiben schneiden. Den Pfanneninhalt mit dem Sherry ablöschen und die Oliven zufügen. Den Sherrysud kurz aufkochen. Dann den Deckel aufsetzen und das Gericht bei kleiner Flamme köcheln lassen.

Zum Anrichten zunächst das Ratatouille nach Bedarf noch einmal erwärmen. Dieses dann zusammen mit dem Sherryhuhn auf Tellern anrichten.

Am besten passt dazu Baguette oder unser Persischer Reis (siehe Seite 82). Ein wirkliches Festmahl, auch wenn es etwas zeitintensiver als manch anderes Gericht in diesem Buch ist. Lasst es euch gut schmecken!

Personen | 1 Std. | Fleisch

BOEUF STROGANOFF MIT POLENTA

Personen | 45 Min. | Fleisch

FÜR DAS BŒUF STROGANOFF

300 g Kalbsschnitzel
1 große Zwiebel
250 g Champignons
10 Cornichons
Olivenöl zum Anbraten
3 EL Sojasauce
frisch gemahlener schwarzer Pfeffer
500 g flüssige Sahne

FÜR DIE POLENTA

300 ml Vollmilch
2 EL Olivenöl
Salz
1 Lorbeerblatt
1 Knoblauchzehe, abgezogen
70 g Maisgrieß
2 EL geriebener Parmesan (am besten frisch gerieben)
Schnittlauchröllchen zum Garnieren

Für das Bœuf Stroganoff das Kalbsschnitzel waschen, trockentupfen und in Streifen schneiden. Die Zwiebel abziehen und in kleine Würfel schneiden. Die Champignons putzen und vierteln. Die Cornichons klein schneiden.

Die Fleischstreifen in etwas Olivenöl in einer Pfanne rundherum scharf anbraten. Dann die Zwiebel und die Champignons zugeben und bei hoher Flamme kräftig anrösten. Anschließend mit der Sojasauce ablöschen und mit etwas Pfeffer würzen. Die Sahne zugießen und kurz aufkochen. Die Cornichons hinzufügen und noch etwas köcheln lassen, bis eine cremige Konsistenz entsteht. Das Bœuf Stroganoff mit aufgesetztem Deckel beiseitestellen.

Für die Polenta die Milch mit 300 ml Wasser, dem Olivenöl, etwas Salz, dem Lorbeerblatt und dem Knoblauch in einem Topf aufkochen. Dann den Maisgrieß unter Rühren langsam einrieseln lassen. Den Deckel aufsetzen und die Polenta 10 Minuten leise köcheln lassen. Die Flamme anschließend abschalten, den Parmesan unterrühren und die Polenta weitere 15 Minuten ziehen lassen.

Die Polenta auf Tellern verteilen und das Kalbsragout mittig darauf anrichten. Mit Schnittlauchröllchen garniert servieren.

HÄHNCHEN SÜSS SAUER

Personen 45 Min. Fleisch

2 Hähnchenschnitzel
1 Lauchzwiebel
2 Karotten
½ frische Ananas (alternativ 200 g aus der Dose, Abtropfgewicht)
Olivenöl zum Anbraten
3 EL Sojasauce
2 EL Tomatenmark
1 EL Sriracha (asiatische Chilisauce)
125 g Basmatireis (lose oder im Kochbeutel)
1 Stückchen Butter

Die Hähnchenschnitzel waschen, trockentupfen und in Streifen schneiden. Die Lauchzwiebel putzen und in feine Ringe schneiden. Die Karotten schälen und in Stifte schneiden. Die Ananas schälen, das harte Strunkstück entfernen und das Fruchtfleisch in mundgerechte Stücke schneiden.

Etwas Olivenöl in einer Pfanne bei mittlerer Flamme erhitzen und das Fleisch darin rundherum goldbraun anbraten. Die Lauchzwiebel, die Karotten und die Ananas hinzufügen und mitbraten, bis das Gemüse bissfest ist.

Den Pfanneninhalt mit der Sojasauce ablöschen, das Tomatenmark und die Chilisauce unterrühren und noch mal kurz aufkochen. Die Pfanne abgedeckt beiseitestellen.

Den Basmatireis nach Packungsangabe bissfest garen. In einem Sieb abtropfen lassen, wieder in den Topf geben und die Butter unterrühren.

Das Hähnchen süßsauer mit dem Reis auf tiefen Tellern anrichten und servieren.

ROTE LINSEN CURRY

Personen 30 Min. Vegetarisch

1 Gemüsezwiebel
2 Karotten
300 g rote Linsen
je 1 kleine gelbe und grüne Zucchini
1 kleiner Blumenkohl
Olivenöl zum Anschwitzen
Butter zum Anschwitzen
3 TL Currypulver
1 Msp. gemahlener Zimt
1 TL Korianderpulver
1 EL Tomatenmark
500 ml Gemüsebrühe
Sojasauce zum Abschmecken
frischer Koriander zum Garnieren

Die Zwiebel abziehen und in kleine Würfel schneiden. Die Karotten schälen und in kleine Würfel schneiden. Die Linsen unter fließendem Wasser in einem Sieb waschen, bis das Waschwasser klar bleibt. Anschließend abtropfen lassen. Den Strunk des Blumenkohls entfernen. Die Zucchini und den Blumenkohl waschen. Die Zucchini längs in dicke Scheiben schneiden, den Blumenkohl in Röschen teilen.

Etwas Olivenöl und ein Stückchen Butter in einem Topf bei mittlerer Flamme erhitzen und die Zwiebel mit den Karotten darin glasig anschwitzen. Dann die Linsen zufügen und unter Rühren kurz mitbraten.

Das Currypulver, den Zimt, das Korianderpulver und das Tomatenmark unterrühren. Mit etwas Gemüsebrühe ablöschen. Unter Rühren nach und nach die übrige Gemüsebrühe zugießen, bis die Sauce sämig wird und die Linsen gar sind. Das Curry mit Sojasauce abschmecken. Den Topf abgedeckt beiseitestellen.

Etwas Olivenöl in einer Pfanne bei mittlerer Flamme erhitzen und die Zucchini und den Blumenkohl darin anbraten, bis das Gemüse bissfest ist.

Den Koriander waschen, trockenschütteln und grob hacken. Das Linsen-Curry auf tiefe Teller verteilen, das gebratene Gemüse darauf anrichten und, mit Koriander garniert, servieren.

MEDITERRANE SCHMORGURKEN MIT REIS

2 große Salatgurken
1 Knoblauchzehe
Olivenöl zum Anschwitzen
1 TL Kräuter der Provence
200 ml trockener Weißwein
400 g passierte Tomaten
Salz
frisch gemahlener schwarzer Pfeffer
125 g Basmatireis (lose oder im Kochbeutel)

Die Gurken schälen, längs halbieren und die Kernmasse mit einem Teelöffel entfernen. Das Fruchtfleisch in grobe Würfel schneiden. Den Knoblauch abziehen und fein hacken.

Etwas Olivenöl in einem Topf bei mittlerer Flamme erhitzen und die Gurken mit dem Knoblauch darin glasig anschwitzen.

Die Kräuter der Provence, den Weißwein und die passierten Tomaten hinzufügen und umrühren. Kurz aufkochen, dann die Hitze wieder etwas reduzieren und die Sauce unter gelegentlichem Rühren etwa 5 Minuten eindicken lassen. Dann mit Salz und Pfeffer abschmecken und den Topf abgedeckt beiseitestellen.

Den Basmatireis nach Packungsangabe bissfest garen. In einem Sieb abtropfen lassen. Zum Anrichten zunächst das Gemüse nach Bedarf noch einmal erwärmen. Dieses dann zusammen mit dem Reis auf Tellern servieren.

Personen | 30 Min. | Vegan

SCHMOR GURKEN MIT DILL SAHNESAUCE UND REIS

2 große Salatgurken
1 Knoblauchzehe
Olivenöl zum Anschwitzen
1 TL Currypulver
400 g flüssige Sahne
1 Bund Dill, fein gehackt
Salz
frisch gemahlener schwarzer Pfeffer
125 g Basmatireis
(lose oder im Kochbeutel)

Die Gurken schälen, längs halbieren und die Kernmasse mit einem Teelöffel entfernen. Das Fruchtfleisch in grobe Würfel schneiden. Den Knoblauch abziehen und fein hacken.

Etwas Olivenöl bei mittlerer Flamme in einem Topf erhitzen und die Gurken mit dem Knoblauch darin glasig anschwitzen.

Das Currypulver, die Sahne und den Dill hinzufügen und umrühren. Kurz aufkochen, dann die Hitze wieder etwas reduzieren und die Sauce unter gelegentlichem Rühren etwa 3 Minuten eindicken lassen. Dann mit Salz und Pfeffer abschmecken und den Topf abgedeckt beiseitestellen.

Den Basmatireis nach Packungsangabe bissfest garen. In einem Sieb abtropfen lassen. Das Gemüse noch mal kurz aufwärmen und mit dem Reis servieren.

Personen | 30 Min. | Vegetarisch

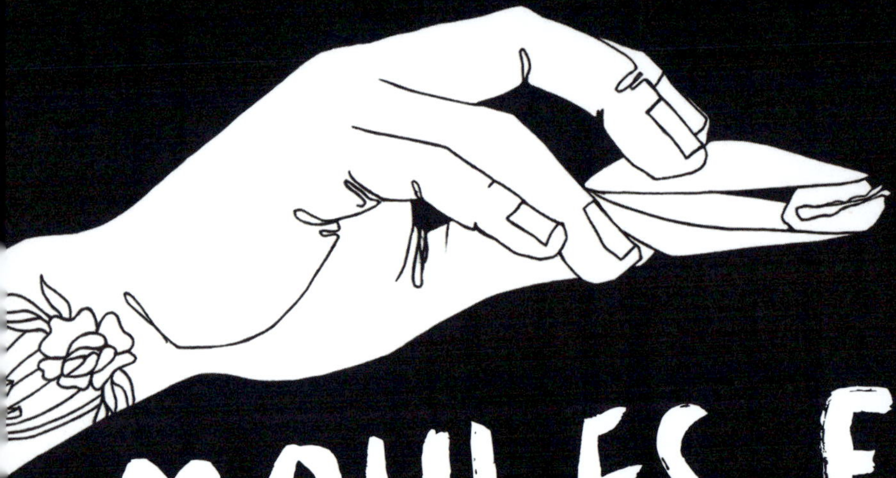

MOULES FRITES

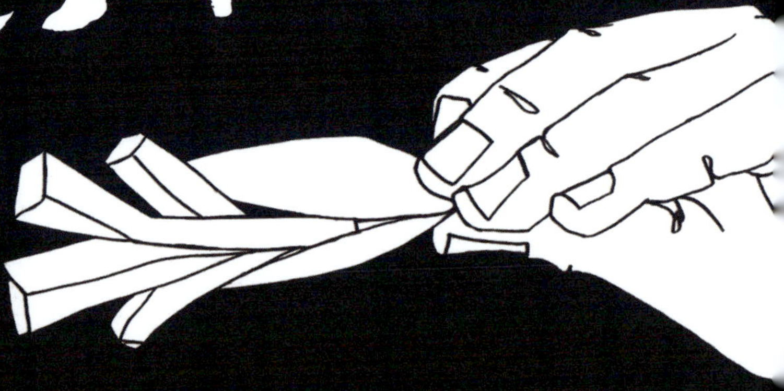

Personen 45 Min. Muscheln

5 große mehligkochende oder vorwiegend festkochende Kartoffeln
2 kg küchenfertige frische Miesmuscheln
4–6 Schalotten
2 Knoblauchzehen
Olivenöl zum Anschwitzen
400 ml trockener Weißwein
1 TL Kräuter der Provence
1 l Pflanzenöl
Salz

Die Kartoffeln schälen, in dicke Stifte schneiden und beiseitestellen.

Die Muscheln waschen, bereits geöffnete und angebrochene wegwerfen.

Die Schalotten und den Knoblauch abziehen, fein hacken und in reichlich Olivenöl in einem Topf glasig anschwitzen. Mit dem Weißwein ablöschen und den Sud auf die Hälfte reduzieren. Dann die Muscheln und die Kräuter der Provence in den Topf geben.

Alles gut umrühren und bei geschlossenem Deckel 10–15 Minuten kochen lassen. Ab und zu umrühren. Die im Anschluss an die Garzeit geschlossenen Muscheln aussortieren und wegwerfen. (Ungeöffnete Muscheln sind nicht zum Verzehr geeignet.)

Die Kartoffelstifte in reichlich heißem Öl in einem Topf goldbraun frittieren. Dann mit einer Schöpfkelle aus dem Öl nehmen und auf Küchenpapier abtropfen lassen. Mit etwas Salz würzen.

Die Muscheln mit dem Sud auf tiefen Tellern anrichten und mit den Pommes frites zusammen servieren.

Wenn ihr auf nur einer Flamme kocht, wickelt den Muscheltopf nach der Garzeit mit geschlossenem Deckel in ein großes Handtuch. So bleibt alles heiß, während ihr die Pommes frites zubereitet.

Muschelschalen kann man hervorragend als Esswerkzeug benutzen, um Muscheln und Pommes zu greifen und um den Sud zu schlürfen.

TOMATEN SALAT MIT HUMMUS & GEBRATENE FISCH

FÜR DEN HUMMUS

2 Dosen Kichererbsen (à ca. 400 g)
3 EL Sesampaste (Tahin)
2 EL Olivenöl

FÜR DIE KRÄUTERVINAIGRETTE

1 Bund frische glatte Petersilie
1 Bund frischer Koriander
Olivenöl
Saft von 1 Zitrone

AUSSERDEM

4 Fischfilets (z.B. Barsch)
Weizenmehl Type 405 zum Bemehlen
Olivenöl zum Ausbacken
Salz
frisch gemahlener schwarzer Pfeffer
6 verschiedenfarbige, große Tomaten

BLOODY MARYS SIEHE REZEPT AUF SEITE 175

Personen 30 Min. Fisch

1. Für die Kräutervinaigrette die Petersilie und den Koriander waschen und trockenschütteln. Die Kräuter mit reichlich Olivenöl und dem Zitronensaft in einem Mörser zu einer feinen Paste verarbeiten.
Für den Hummus die Kichererbsen in ein Sieb gießen und mit kaltem Wasser abspülen. Die Kichererbsen mit der Sesampaste und dem Olivenöl in einem hohen Rührbecher mit einem Stabmixer pürieren.

2. Die Fischfilets waschen, trockentupfen und beidseitig bemehlen. In Öl in einer Pfanne auf beiden Seiten goldgelb ausbacken. Mit Salz und Pfeffer würzen.

3. In der Zwischenzeit die Tomaten waschen, vierteln und den Stielansatz herausschneiden.

4. Zum Anrichten den Hummus mittig auf einen Teller geben, die Tomaten außen herum drapieren und mit der Kräutervinaigrette beträufeln. Die Fischfilets auf einem extra Teller anrichten. Alles noch mit Salz und Pfeffer bestreuen. Nun können sich alle bedienen. Das Buffet ist eröffnet!

DESS

ERTS

NANAS APFEL BUTTERKEKS

-DESSERT

Am besten sind doch Rezepte, die sehr einfach nachzukochen sind. So ist es auch mit diesem Apfel-Butterkeks-Dessert. Einfach nur Keksbrösel und Apfel in ein paar gesammelte schöne Gläser schichten. Noch ein bisschen Creme darüber, schon kann jeder sein eigenes Dessert im Glas auslöffeln und die süßen Äpfel genießen.

5 Butterkekse
1 Vanilleschote
350 g Quark oder Joghurt (3,5 % Fettgehalt)
1 Apfel

Personen | 10 Min. | Vegetarisch

1. Die Kekse grob zerkrümeln.

2. Die Vanilleschote länglich aufschneiden.

3. Das Mark vorsichtig auskratzen und zum Quark oder Joghurt geben.

4. Die Vanille mit dem Quark oder Joghurt gut verrühren.

5. Den Apfel waschen und fein raspeln.

6. Kekskrümel, Quark oder Joghurt und Apfelraspel abwechselnd in Gläser schichten. Am besten sofort servieren.

MARACUJA DESSERT

4 Maracujas (Passionsfrüchte)
1 gut gekühlte Dose gezuckerte Kondensmilch (ca. 400 g)
Kokos- und Schokoraspel zum Garnieren

4 Personen | 10 Min. | Vegetarisch

Die Maracujas halbieren und das Fruchtfleisch mit den Kernen in einen hohen Rührbecher geben. Die gezuckerte Kondensmilch zufügen und den Becherinhalt mit einem Stabmixer glatt pürieren, bis die Kerne ganz fein sind.

Zum Anrichten die Creme auf Dessertgläser verteilen und mit Kokos- und Schokoraspeln garnieren.

KARAMELLISIERTE FEIGEN AUF JOGHURT

Personen
10 Min.
Vegetarisch

4 frische Feigen
1 gehäufter EL cremiger Honig
500 g griechischer Joghurt
200 g gehobelte Mandelkerne

Die Feigen waschen, vierteln und in eine heiße beschichtete Pfanne geben. Den Honig zufügen und alles unter Schwenken auf mittlerer Flamme karamellisieren lassen. Die gehobelten Mandeln grob hacken.

Den Joghurt in Schälchen verteilen, die Feigen darauf anrichten und mit dem Honigsud beträufeln. Mit den Mandelstückchen bestreut servieren!

SCHOKO PUDDING

MIT BANANENCHIPS

50 g Vollmilchschokolade
500 ml Vollmilch
1 EL Kakaopulver
1 ½ EL Zucker
2 EL Speisestärke
Bananenchips zum Garnieren

Die Schokolade grob hacken, mit 350 ml Milch in einen Topf geben und unter Rühren mit einem Schneebesen aufkochen. Die Hitze reduzieren, weiterrühren und so lange köcheln lassen, bis sich die Schokolade aufgelöst hat.

Die übrige Milch mit dem Kakaopulver, dem Zucker und der Speisestärke glatt rühren. Diese Mischung mit einem Schneebesen in die heiße Schokomilch rühren. Den Topfinhalt aufkochen und rühren, bis eine dickcremige Masse entstanden ist.

Den warmen Pudding in Einmachgläser füllen und mit Bananenchips bestreuen. Vor dem Servieren etwa 1 Stunde abkühlen lassen.

Personen 20 Min. Vegetarisch

Falls ihr den Schokopudding als Dessert servieren möchtet, solltet ihr beim Kochen damit beginnen. Er benötigt etwa eine Stunde zum Auskühlen – Zeit, in der ihr euch in Ruhe der Zubereitung des Hauptgangs widmen könnt.

MANGO MILCHREIS

1 reife Mango
1 EL Butter
250 g Milchreis
1 l Vollmilch
4 EL Zucker
1 Vanilleschote

Die Mango aus der Schale und vom Kern lösen. Das Fruchtfleisch in kleine Würfel schneiden, einige Stücke zum Garnieren beiseitestellen.

Die Butter in einem großen Topf schmelzen und den Milchreis in der zerlassenen Butter anschwitzen. Dann die Milch zugießen und den Zucker einrühren. Das Mark aus der Vanilleschote kratzen und dieses zusammen mit der ausgekratzten Schote in den Topf geben.

Den Milchreis unter vorsichtigem Rühren mit einem Holzlöffel aufkochen, dabei darauf achten, dass sich nichts am Topfboden ansetzt. Anschließend die Mangowürfel unterrühren. Den Milchreis bei niedriger Flamme und aufgesetztem Deckel etwa 30 Minuten ziehen lassen. Etwa alle 10 Minuten umrühren und darauf achten, dass der Reis nicht am Boden ansetzt.

Zum Anrichten den Milchreis in Schälchen oder Einmachgläser geben und mit den beiseitegestellten Mangostücken garnieren.

Personen | 45 Min. | Vegetarisch

GETR

ÄNKE

Klassischerweise wird der Vesper in einer Cocktailschale serviert, wobei stattdessen auch einfach ein Einmachglas verwendet werden kann. Als Garnitur kommt ein dünner Streifen Zitronenschale leicht geschwungen ins Glas.

GIN VESPER

12 cl Gin
3 cl Wodka
1 ½ cl Lillet Blanc
Eiswürfel
2 Zesten von 1 unbehandelten Zitrone zum Garnieren

Den Gin, den Wodka und den Lillet Blanc mit Eiswürfeln in ein großes, verschließbares Gefäß geben und bei geschlossenem Deckel kräftig shaken.

Anschließend in zwei Cocktailschalen oder hübsche Einmachgläser abseihen. Mit den Zitronenzesten garnieren und sofort servieren.

TIPP: Neben der geschüttelten Variante können die Zutaten auch direkt im Glas verrührt werden. Dadurch bleibt der Drink klar.

2 Gläser | 5 Min. | Vegan

VEGAN ARMAGNAC SOUR

500 g Crushed Ice
400 ml Armagnac
500 ml Apfelsaft
Saft von 2 Zitronen
1 gehäufter EL Puderzucker

Das Crushed Ice in eine große Schüssel geben. Nacheinander den Armagnac, den Apfelsaft und den Zitronensaft aufgießen. Den Puderzucker zufügen und alles mit einem Stabmixer aufmixen.

In Gläser füllen und eiskalt genießen.

4 Gläser | 5 Min. | Vegan

Puderzucker lässt hier eine Schaumkrone entstehen und ersetzt das Eiweiß, das klassischer Weise in einen Sour kommt. Das Ganze wird kurz mit dem Stabmixer durchgemixt und fertig ist der Sour. Er schmeckt erfrischend und hat ordentlich Umdrehungen. Cheers!

BLOODY MARY

4 cl Wodka
12 cl Tomatensaft
4 cl Zitronensaft
2 Dashes Tabasco
2 Dashes Worcestersauce
2 Prisen Salz
2 Prisen frisch gemahlener schwarzer Pfeffer
Eiswürfel
2 Selleriestangen, geputzt und gewaschen zum Garnieren

Den Wodka, die Säfte, den Tabasco, die Worcestersauce, das Salz und den Pfeffer mit Eiswürfeln in ein großes, verschließbares Gefäß geben und bei geschlossenem Deckel kräftig shaken. Die Selleriestangen waschen und trockentupfen.

Zum Anrichten in zwei Gläser füllen und mit den Selleriestangen garnieren. Etwas Salz und Pfeffer darüberstreuen und sofort servieren.

Gläser 5 Min.

SURFER KAFFEE

abgezogene Schalen von
1 unbehandelten Orange
3 TL brauner Zucker
1 Stange Zimt
2 Gewürznelken (optional)
4 EL gemahlener Kaffee

4 Tassen Wasser (à 200–250 ml) mit den Orangenschalen, dem Zucker, der Zimtstange und den Gewürznelken in einem Topf aufkochen. Bei mittlerer Flamme köcheln lassen, bis sich der Zucker aufgelöst hat. Dann erneut aufkochen und den Kaffee zugeben. Den Topf von der Flamme nehmen und den Surferkaffee bei aufgesetztem Deckel 5 Minuten ziehen lassen.

Zum Servieren durch ein Sieb in Becher oder Tassen gießen.

Becher | 20 Min. | Vegan

Der Surferkaffee wird mit Zimt und Nelken zubereitet, oft auch kalt genossen und bringt die Lebensgeister zurück in die Glieder.

MONACO FRANZE & ROTE-BETE-DIP

MONACO FRANZE

2 cl frisch gepresster Zitronensaft
4 cl Wodka
gut gekühlter Champagner zum Auffüllen

Den Zitronensaft in zwei Sektgläser abseihen und den Wodka eingießen. Die Gläser dann mit Champagner auffüllen.

Gläser | 5 Min. | Vegan

ROTE-BETE-DIP

1 große Knoblauchzehe
3 Knollen gekochte Rote Bete
5 TL Olivenöl
Salz
frisch gemahlener schwarzer Pfeffer
1 kleines Baguette

Den Knoblauch abziehen. Diesen zusammen mit den Rote Beten und dem Olivenöl in einem hohen Rührbecher mit einem Stabmixer glatt pürieren. Mit Salz und Pfeffer abschmecken.

Zum Anrichten in eine Schüssel füllen und mit frischem Baguette und Monaco Franze servieren.

Personen | 5 Min. | Vegan

REGISTER

A

B

C

L

M

N

O

P

R

S

T

V

W

Avenue
de
L'OCEAN

ÜBER DIE AUTOREN

Astrid Schulz ist Illustratorin und Grafikdesignerin, Jan Herbolsheimer Fotograf. Für einen Sommer zog es das Paar an einen Campingplatz am Atlantik. Hier entwickelten sie abwechslungsreiche Gerichte, die sich mit wenig Equipment zubereiten lassen. Die Rezepte und ihre Kocherfahrungen teilen die beiden Kreativköpfe in ihrem ersten Kochbuch »Feuer & Pfanne unterwegs«.

IMPRESSUM

Verantwortlich: Stefanie Gückstock
Projektmanagement, Redaktion und Satz: Silke Schüler
Umschlaggestaltung: Sophie Schillo unter Verwendung von Fotos von Jan Herbolsheimer
Repro: LUDWIG:media
Korrektorat: Asta Machat
Herstellung: Anna Katavic

Printed in Slovakia by Neografia

Texte, Rezepte und Fotografie:
Jan Herbolsheimer
Grafikdesign, Illustrationen & Keramik:
Astrid Schulz
Autorenporträt Seite 188: Marcel Weber

Unser komplettes Programm finden Sie unter

www.christian-verlag.de

★★★★★

Sind Sie mit diesem Titel zufrieden? Dann würden wir uns über Ihre Weiterempfehlung freuen. Erzählen Sie es im Freundeskreis, berichten Sie Ihrem Buchhändler oder bewerten Sie bei Onlinekauf. Und wenn Sie Kritik, Korrekturen, Aktualisierungen haben, freuen wir uns über Ihre Nachricht an:
Christian Verlag, Postfach 40 02 09, D-80702 München oder per E-Mail an lektorat@verlagshaus.de

Die Deutsche Nationalbibliothek verzeichnet diese Publikation in der Deutschen Nationalbibliografie; detaillierte bibliografische Daten sind im Internet über http://dnb.d-nb.de abrufbar.

Infanteriestraße 11a
80797 München

ISBN 978-3-95961-526-6